Wolf Schneider

Der vierstöckige Hausbesitzer

Plauderstunde Deutsch mit 33 Fragezeichen

Deutscher Taschenbuch Verlag

Ungekürzte Ausgabe
Juli 1996
Deutscher Taschenbuch Verlag GmbH & Co. KG, München

ISBN 3-85823-494-X
Umschlaggestaltung: Klaus Meyer
Umschlagbild: Katrin M. Laskowski, © Neue Zürcher Zeitung, Zürich
Gesamtherstellung: C. H. Beck'sche Buchdruckerei, Nördlingen
Printed in Germany · ISBN 3-423-30547-9

Inhalt

Attribute, die im Leeren baumeln

Gegenüber der «menschlichen Komödie» hat die *Comédie humaine* einen messbaren Vorzug: Im Französischen erfahren wir zunächst, um welche Sache es sich handelt, und dann erst, welche Eigenschaft diese Sache hat; während wir im Deutschen den logischen Ablauf auf den Kopf stellen.

Nun ist dies bei einem einzelnen Adjektiv sicher ein geringer Fehler, und die romanischen Sprachen nehmen sich die Freiheit, ihn wahlweise ebenso zu machen («Divina Commedia»). Doch bei gehäuften Adjektiven hat der deutsche Zwang, sie allesamt voranzustellen, kuriose Folgen: «Der begabte, hochgebildete, schlagfertige, ausdrucksstarke, charaktervolle Regierungsrat Meier» – da hätten wir gern schon auf halbem Weg gewusst, wer es denn ist, dem all diese Eigenschaften zugesprochen werden; ja es fragt sich, ob wir, endlich beim erhellenden Hauptwort angelangt, noch die Kraft und Lust besitzen, seine fünf Eigenschaften aus dem Gedächtnis abzurufen.

Auch dies ist noch eine geringe Not, verglichen mit der Zumutung, die viele Schreiber an uns richten, indem sie dem Substantiv die Attribute im Dutzend voranstellen. Attribute: Das sind Adjektive und alle anderen Wörter, die zwischen den Artikeln und das Hauptwort zu schieben die Grammatik uns leider erlaubt – *liaisons dangereuses* also, überaus gefährliche Wortverbindungen. «Das als alternatives Wohnmodell zur Erprobung neuer Lebensformen von ihren Befürwortern gepriesene und von dem Druck der Strasse in einem Pachtvertrag auch rechtlich abgesicherte Vorhaben» lesen wir da – ein Vorhaben also, das wir jedoch erst dann als solches identifizieren können, wenn wir nach dem Artikel nicht weniger als 23 Wörter überwunden haben; Attribute, die beziehungslos im Leeren baumeln, bis das Substantiv sie endlich nachträglich mit Sinn erfüllt.

Angenommen, ein Gedächtniskünstler wäre imstande, die 23 Wörter präsent zu halten, bis das erlösende Bezugswort fällt, so würde der Schreiber ihm immer noch eine merkwürdige Springprozession aufnötigen: 25 Wörter lesen – von Wort 25 auf den Sinn der Wörter 2 bis 24 zurückschliessen – mit Wort 26 fortfahren. Aber Gedächtniskünstler sind wir nicht, und der Schreiber konnte das wissen. Folglich muss in ihm eines von dreien geschehen sein. 1. Er dachte sich: «Sollen meine Leser doch die 23 Wörter zurücklesen, wenn sie meinen Text verstehen wollen.» 2. Er dachte sich: «Ob ich verstanden werde, ist mir ziemlich egal, wenn nur die Grammatik stimmt.» 3. Er dachte sich überhaupt nichts.

Während das Verhalten 2 und 3 wenig Sympathien auf sich zieht, wird der Gesichtspunkt 1 nicht selten treuherzig vorgetragen. Zurücklesen! Ja, bei allem

Gedruckten gibt es, anders als im Radio, diese Möglichkeit, und viele schreibende Journalisten berufen sich auf sie, Arm in Arm mit Professoren und Bürokraten. Doch zweierlei ist ihnen entgegenzuhalten.

Zum einen: Wer liest schon zurück – wenn nicht der Lehrer ihn dazu zwingt oder der Schriftsatz eines Rechtsanwalts ihm Angst einjagt! In 98 von 100 Fällen deckt sich das Nichtzurückhören*können* des Hörers total mit dem Nichtzurücklesen*wollen* des Lesers. Zum anderen: Welcher Hochmut gehört dazu, verschachtelte, überfrachtete Sätze in die Welt zu blasen und dann achselzuckend darauf zu verweisen, dass der Leser sie gefälligst zweimal lesen soll! «Die Probe der Güte ist», schrieb Jean Paul 1804, «dass der Leser nicht zurückzulesen hat.» Wer einen Beruf daraus macht, seinen Mitmenschen etwas mitzuteilen, der sollte sich verpflichtet fühlen, dies in einer Form zu tun, die den Fähigkeiten und den Gewohnheiten seiner Leser entspricht. Einer muss sich immer plagen: der Leser oder der Schreiber. Transparente Sätze bauen kann nur der, der sich beim Schreiben plagt. Wer zwischen Artikel und Substantiv 23 Attribute klemmt, der schiebt die Plage auf den Leser ab. Oder 26 Attribute:

«Es war die in Posen geborene, in Berlin aufgewachsene, nach England emigrierte, in den USA zu Hollywood-Ruhm gelangte und schliesslich von den Schweizern adoptierte Erfolgsschauspielerin und – inzwischen auch – Bestsellerautorin Lilli Palmer.» Aus einer ganz kleinen Revolution im Hirn des Schreibers hätte ein überaus einfacher Umbau des Satzes folgen können: «Es war die Bestsellerautorin Lilli Palmer – in Posen geboren, in Berlin aufgewachsen . . .» und nun weitere Einzelheiten in fast beliebiger Zahl. Dies wäre nicht nur die allein verständliche, es wäre auch eine elegantere Abfolge der Wörter; man vergleiche das, was der grosse Spötter Georg Christoph Lichtenberg geschrieben hat – «Der Esel kommt mir vor wie ein Pferd, ins Holländische übersetzt» – mit dem, was typische Deutschlehrer daraus machen würden: «. . . wie ein ins Holländische übersetztes Pferd.»

Schreiber, die uns ratlos lassen, wie das Wortknäuel sich wohl entwirren wird, sündigen noch nicht einmal so schlimm wie solche, die uns mitten im Satz einen mutmasslichen Unsinn mitteilen. Was erfährt der, der sich im sechsbändigen Duden-Wörterbuch informieren möchte, was genau bei einer Kirche das *Querhaus* ist? «Das *Langhaus* einer Kirche . . .» Er traut seinen Augen nicht: Dachte er nicht immer, das Querhaus heisse Querhaus, weil es quer zum Langhaus steht? Verwirrt liest er weiter: «Das Langhaus einer Kirche vor dem Chor von Norden nach Süden rechtwinklig kreuzender Raum.» Aha! Der *Raum* also, der das Langhaus kreuzt. So hätten sie es sagen können. Statt dessen nennen sie 13 nähere Bestimmungen einer Sache, ohne die Sache genannt zu haben. Komödie, alberne.

«Alle Mann an Deck!»

Einerseits haben die Vorkämpferinnen einer Verweiblichung der Sprache recht und sind gegen vorschnellen Spott in Schutz zu nehmen. Man kann schon stutzen über die Selbstverständlichkeit, mit der der *Mann* sich und nur sich zum «Menschen» ernannt hat wie im Englischen und in den romanischen Sprachen: *man, homme, uomo, hombre.* Man darf sich ärgern, dass die *Bäuerin* sprachlich eine Ableitung vom Bauern ist, denn historisch war es umgekehrt, war der Bauer eine Ableitung von der Bäuerin: Der Ackerbau wurde einst von den Frauen eingeführt, und noch heute steht eher die Leistung des Bauern hinter der der Bäuerin zurück als umgekehrt. Indem nun die Sprache den Bauern zum Stammwort machte, drückte sie eine männliche Rangordnung aus und durchdrang uns mit ihr.

Auch darf man stutzen, wenn man in den eidgenössischen Einbürgerungsrichtlinien liest: «Ein Ausländer kann nach der Eheschliessung mit einem Schweizer . . .» Dass damit eine Ehe zwischen Männern nicht gemeint sein kann, ist zwar offensichtlich, ändert aber nichts an dem sprachlichen Kuriosum.

Nur: Was wäre die Alternative? Die meisten Vorschläge, wie man dem Übel abhelfen könnte, sind geeignet, ein neues und oft grösseres Übel an die Stelle des alten zu setzen. Entweder nämlich wollen sie der Sprache eine Eigenschaft aufnötigen, die sie nicht haben kann: Exaktheit; oder eine andere, die sie nicht haben sollte: bürokratische Aufblähung.

Logisch und exakt ist an der Sprache fast nichts. Damit müssen wir leben. Der Schosshund sitzt auf dem Schoss, der Schäferhund nicht auf dem Schäfer. *Personne* heisst erstens jemand und zweitens niemand, da die Franzosen das logisch notwendige *ne* meistens weglassen. Einen, den wir exakt als «missbräuchlichen Autobahngegenrichtungsfahrbahnbenutzer» beschreiben müssen, nennen wir einfach «Geisterfahrer» – jeder versteht es, und dabei nehmen die Männer sogar eine Benachteiligung in Kauf, da man ja zumeist nicht wissen kann, ob nicht eine Geisterfahrerin am Steuer sitzt.

Auch wird gern übersehen, dass das sprachliche Geschlecht mit dem natürlichen Geschlecht nichts zu tun hat. *Der* Mensch, *die* Person, *das* menschliche Wesen haben drei grammatische Geschlechter, unabhängig davon, ob wir einen Mann oder eine Frau damit benennen. *Die* Weib und *das* Sache: Das wäre doch das mindeste, was wir vom Weiblichen und vom Sächlichen erwarten müssten. *Die* Schildwache konnte ihrem Kind ein guter Vater sein (wenn sie zum Beispiel einen Dienstboten geheiratet hatte). Warum sagen wir *der* Löwe, *die* Schlange, *das* Pferd, obwohl diese Tiere dieselben zwei Geschlechter haben? Das Italienische bietet für Männlein und Weiblein das Modell *nonno* – *nonna* an – aber *guida* und *pilota* sind meistens Männer. Wo sollen die Italiener in dem Satz «Mario e Maria sono *belli*» beim Adjektiv das Weibliche unterbringen? Andererseits werden, den Frauen zum Trost, in manchen Oberbegriffen die Männer benachteiligt: Die *Geschwister* lassen die Brüder unerwähnt und das *Brautpaar* den Bräutigam.

Die feministische Forderung, die Sprache solle die natürlichen Geschlechter widerspiegeln, hätte also in der älteren Steinzeit erhoben werden müssen, als sie entstand. Die Sprachen, wie sie heute sind, widersetzen sich allen Ansprüchen an Exaktheit und Gerechtigkeit mit Haut und Haaren. Wer trotzdem dagegen angehen will, dem bleiben nur zwei Wege: erstens der Rechtschreibungstrick mit dem grossen I in der Wortmitte (StudentInnen) – die Duden-Redaktion hat es verworfen, sprechbar ist es nicht; und zweitens die Forderung, eine zum Teil groteske Umständlichkeit in Kauf zu nehmen. Einem Politiker mag es noch zuzumuten sein, dass er an die *Bürgerinnen und Bürger* appelliert und sich bei den *Wählerinnen und Wählern* bedankt; doch in die lebendige Sprache wird das niemals Einzug halten, und auch bei amtlichen Texten verfängt man sich rasch in einem bürokratischen Wortdickicht.

Schon gibt es Arbeitsgruppen, die «geschlechtsbezogene Formulierungen» aus Gesetzen und Vorschriften tilgen sollen. Was dabei herauskommt, sind Vorschläge, aus dem Lehrer die *Lehrperson* zu machen, aus den Politikern die *politisch Verantwortlichen,* oder in der Verfassung zu formulieren: «Der Ministerpräsident bzw. die Ministerpräsidentin beruft die Minister bzw. Ministerinnen. Er ernennt seinen Stellvertreter bzw. seine Stellvertreterin bzw. sie ihren Stellvertreter bzw. ihre Stellvertreterin.»

Das Anliegen der Frauen ist verständlich, aber die Exaktheit, die sie fordern, bringt die Sprache um, und noch vorher erweisen sie sich einen Bären-/Bärinnendienst, dann nämlich, wenn die solcherart entzweite Sprache lächerlich wird. Soll der Lexikon-Eintrag statt «Affen» in Zukunft *Affen/Äffinnen* heissen und im weiteren Text dann die *A./Ä.?* Sollen wir *Verbrüderungen* unterlassen? Sollen wir uns das Wort *Säuferwahn* verbitten, weil es die Säuferinnen benachteiligt? Sollen wir uns mit den amerikanischen Feministinnen verschwistern, die aus dem *hero,* seiner griechischen Herkunft spottend, das Englische *he* herauslesen und folglich nach dem Golfkrieg auch die *sheros* gefeiert wissen wollten?

Es ist gut, Ministerinnen zu haben; aber wie wir sie *nennen,* ist ziemlich egal, und wer es dennoch wichtig findet, holt sich Beulen an der Sprache. Wenn der Kapitän des sinkenden Schiffes rief: «Alle Mann an Deck!», so ist noch keine Frau ertrunken, bloss weil sie beleidigt in der Kajüte geblieben wäre.

Das Geheimnis der zwei Silben

Beginnen wir mit einem Test. Bitte lesen Sie die nachstehenden Zeilen zunächst *nicht,* sondern lassen Sie einfach das Schriftbild auf sich wirken:

Die Kapazitätsengpässe bei der Bedürfnisbefriedigung im Beherbergungsgewerbe erfordern massgeschneiderte Problemlösungsaktivitäten.

Und nun betrachten Sie die folgenden Zeilen:

Sie sprach zu ihm, sie sang zu ihm, da war's um ihn geschehn; halb zog sie ihn, halb sank er hin und ward nicht mehr gesehn.

Ohne die beiden Texte überhaupt gelesen zu haben, kann man bereits erkennen, von welcher Art sie sind: oben eine Buchstabenprozession von quälender Länge, unten ein luftiger Reigen von Wörtern, deren längstes zwei Silben hat. Welcher Text lädt mehr zum Lesen ein? Und wen wundert es noch, dass der erste Satz (aus dem Wirtschaftsteil einer Tageszeitung) ein zäher, abstrakter Wortbrei, der zweite aber (der Schluss von Goethes Ballade «Der Fischer») ebenso anschaulich ist wie elegant?

Alle Lyriker wussten, dass kurze Wörter fast durchweg mehr Saft und Kraft haben als lange. Wörter wie *nichtsdestoweniger* oder *prozessuale Verfahrensabläufe* kommen in der Lyrik nicht vor, ja überhaupt kein Wort von mehr als zwei Silben im populärsten Gedicht deutscher Sprache, «Über allen Wipfeln ist Ruh». «Die Abhängigkeitsverhältnisse meines Dienstpersonals werden hiermit aufgehoben», das schrieb Schiller nicht, sondern: «Und frei erklär' ich alle meine Knechte.»

Auch Prosa gibt durch kurze Worte das Signal, dass sie Kraft hat: «Ich greife mit der Hand um die Flasche, prüfend, ob der Wein auch kalt sei, Durst, dann Hunger, Leben gefällt mir –» (Max Frisch).

Ein weiteres Indiz liefern die Dialekte: Silbenschleppzüge wie *Befindlichkeitsqualität* oder *Innovationsverarbeitungskapazität,* Wörter von so dunkler Bedeutung und so geringer Anschaulichkeit trifft man in ihnen nicht an, und das spricht wahrlich für die Dialekte.

Dazu kommt nun eine junge Wissenschaft – die Verständlichkeitsforschung. Der Einsicht der Dichter fügt sie hinzu, dass Wörter auch um so *verständlicher* sind, je weniger Silben sie haben: der Stuhl leichter als die *Sitzgelegenheit,* das schlechte Wetter rascher als die *ungünstigen Witterungsbedingungen.*

Journalisten, Behörden, Verfasser von Gebrauchsanweisungen hätten allen Grund, von dieser Einsicht lebhaften Gebrauch zu machen; doch haben die meisten von ihnen davon so wenig gehört wie Deutschlehrer und Sprachwissenschaftler. Keine Wortschlangen, egal, ob ich um Poesie ringe oder einen Feuerlöscher erkläre – muss das nicht jeden beeindrucken, der verstanden werden will?

Natürlich, es gibt auch eine Ebene, auf der wir vielsilbige Wörter *brauchen:* wenn es auf technische Genauigkeit ankommt etwa oder wenn eine Wissenschaft nach abstrakten Oberbegriffen ruft. Aber viererlei lässt sich dazu sagen.

Erstens, Vielsilbigkeit beweist noch nicht, dass ein Wort genau oder wissenschaftlich wäre. Es gibt auch Leute, die in ihren Silbensalat verliebt sind, die also beispielsweise, wenn sie nichts als «Motive» meinen, sich statt dessen mit *Motivationsstrukturen* brüsten, wozu haben sie schliesslich Soziologie studiert. Der *Betroffenheitsvorsprung*, dessen sich manche deutschen Studenten rühmen, hat weder mit Exaktheit noch mit Wissenschaft irgend etwas zu tun, sondern allein mit dem Bedürfnis, sich akademisch aufzuplustern.

Zweitens, *Witterungsbedingungen* sind um nichts genauer als die Witterung allein, die letzten vier Silben also überflüssig – wie die letzten zwei Silben des *Heilungsverlaufs* (denn welche Heilung wäre das, die nicht irgendwie verliefe?). «Wortdreimaster» nannte Schopenhauer solche Wörter und empfahl, von hinten jeden Mast zu kappen, der keine Segel trägt. Beim *Bedrohungssignal* wiederum sollte man nur den mittleren Mast stehen lassen: Dann bleibt «Drohung» übrig, ein Signal, wie man weiss.

Drittens, *Kapazitätsüberhänge im Beherbergungsgewerbe* liessen sich natürlich auch beschreiben als zu viele leere Hotelbetten. Nur wollen die

Hoteliers das so direkt nicht sagen. Womit wir bei der Einsicht wären: Mancher, der viele Silben macht, *möchte* nicht zu genau verstanden werden. Dann sollten wir das mögliche tun, um in seinen bürokratischen Schwulst die schönen Einsilber hineinzuhören: Bett leer, Wirt weint.

Viertens, zwingt mir aber mein Thema vielsilbige abstrakte Wörter auf und können sie nicht von hinten gekürzt werden: Dann sollte ich das Problem erkennen, dass mein Text notgedrungen schwer verständlich und unanschaulich ist. Folglich sollte ich auf der Lauer liegen, hin und wieder ein paar Einsilber einzustreuen – Rang statt *Stellenwert,* Zwang statt *Gängelei durch unabwendbare Gegebenheiten,* Angst und Not, Geld und Geiz, Geist und Witz. Der Einwand, solche Wörter würden in einen wissenschaftlichen Text nicht passen, sticht nicht: Denn in seriöse Vorträge passen auch keine Witze, und die Engländer machen sie doch.

Von Winston Churchill, Träger des Nobelpreises für Literatur, stammt der Satz: «Die alten Wörter sind die besten und die kurzen die allerbesten.» Als er die Engländer in ihrer schlimmsten Stunde aufrütteln wollte – sprach er da von Strapazen und Mobilisierung aller Energiereserven? Nein, es waren vier uralte Einsilber, mit denen er Geschichte machte: *blood, toil, tears* and *sweat.* Wir haben nur drei davon übersetzt: Blut, Schweiss und Tränen – des Rhythmus wegen.

Vom Rhythmus der Sprache

«Der Mohr hat seine Arbeit getan» – so hat Schiller es in sein Drama «Die Verschwörung des Fiesco zu Genua» hineingeschrieben. Wir stutzen – sagen wir nicht: «. . . seine Schuldigkeit getan»? Sollte Schiller im Versmass unsicher gewesen sein, das er doch sonst mit schönem Schwung beherrschte: «Kann ich Armeen aus dem Boden stampfen? Wächst mir ein Kornfeld auf der flachen Hand?» Oder zitieren wir ihn falsch, dem Rhythmus zuliebe? Aber was hätte der Rhythmus in der Sprache überhaupt zu suchen, noch dazu wenn sie stumm bleibt wie das meiste, was wir schreiben?

Wir zitieren Schiller falsch, und versagt hat er nicht: Denn der «Fiesco» ist in Prosa geschrieben, wie auch die «Räuber» und «Kabale und Liebe»; erst die späteren Dramen, vom «Don Carlos» bis zum «Wilhelm Tell», bedienen sich des fünffüssigen Jambus, der Schillers Markenzeichen ist. Demnach sind wir es, die nach dem Rhythmus verlangen – zum Teil gewiss deshalb, weil er eben das ist, was wir von Schiller erwarten; vor allem aber, weil wir rhythmische Gliederungen schlechthin lieben, auch in der Prosa, auch bei schweigender Lektüre.

Unsere Schrift besteht ja nicht aus stilisierten Bildern wie in Japan und China, sondern aus geometrischen Zeichen für gesprochene Laute, aus sichtbaren Symbolen für hörbare Abläufe, insofern vergleichbar den Noten für die Musik. Und wie sich die Noten dem geübten Musiker auch bei stummer Lektüre sogleich in Töne zurückverwandeln, so springen dem, der die Buchstabenschrift beherrscht, die optischen Signale über das Auge ins innere Ohr und werden dort in die akustischen Signale übersetzt, die allein gemeint sind. Von ungeübten Lesern wissen wir ja, dass sie die Lippen bewegen – dann hören sie besser.

Also ist alles, was sich schwer ausspricht, auch unangenehm zu lesen, vom Tiroler «Selchfleischaufstrich» bis zu akademischen Versatzstücken wie «explizit auf die Geschlechtsspezifik bezogen». Und also ist uns auch beim stillen Lesen der Sprachrhythmus so gegenwärtig wie im laut deklamierten Vers.

Dann bleibt allerdings die Frage: Soll sich denn Prosa nicht von Dichtung unterscheiden? Die Antwort heisst: durchaus; nur wiederum nicht sehr. Nehmen wir unsere geläufigsten Redensarten, die floskelhafte Verbindung von meist drei oder vier Wörtern: auf Schritt und Tritt, in Haus und Hof, mit Stumpf und Stiel. Ist eines der beiden Substantive zweisilbig, so steht mit wenigen Ausnahmen (wie «Wasser und Brot») der Zweisilber am Schluss: Brief und Siegel, Gift und Galle, Kraut und Rüben, Leib und Leben, Lust und Liebe. Ist das nicht merkwürdig? In unserer Prosa tummeln sich rhythmische Redensarten zu Hunderten, und über die Art des Rhythmus gibt es gar keine Diskussion – wer «Glauben und Treu» schriebe, der würde sich dem Vorwurf aussetzen, sein Stil sei wie Rüben und Kraut. Die meisten Mitglieder einer Sprachgemeinschaft haben offensichtlich ein gemeinsames rhythmisches Empfinden und wünschen diesen Rhythmus auch in der Prosa anzutreffen. Deswegen gefiel es den Deutschsprachigen nicht, dass Churchill 1940 den Engländern in korrekter Übersetzung «Blut, Mühsal, Tränen und Schweiss» anbot (blood, toil, tears and sweat); auch das «und» wegzulassen genügte ihnen nicht, obwohl es den Rhythmus verbessert hätte; sondern wir unterschlagen die Mühsal und zitieren «Blut, Schweiss und Tränen».

Was unterscheidet die Prosa dann noch vom Gedicht? Dass der Schreiber dicht an die Poesie herantritt, aber niemals zu ihr übertritt, sagt Nietzsche (der als Sprachmeister ja nicht umstritten ist). Sich der Poesie nicht nähern hiesse holprig schreiben; zu ihr übertreten aber heisst eine manierierte Prosa liefern, die die meisten Leser irritiert. Wie Hölderlin: «... wo links die dunklen Eichhöhn mich umrauschten». Wie Rilke: «Auch der Mut muss einmal sich strecken und sich am Saume seidener Decken in sich selber überschlagen.» Wie Ernst Jünger: «Wohl war mir der Augenblick vertraut, in dem der Herzschlag stockt, wenn wir in der Entfaltung die Geheimnisse erahnen.» Wie Walter Benjamin: «Die Frechheit wirft die erste Münze auf den Tisch; die Scham zahlt hundert drauf, sie zu bedecken.»

Da hatte Benjamin seinem eigenen Rat zuwider gehandelt: «Eine Periode, die metrisch konzipiert, nachträglich an einer einzigen Stelle im Rhythmus gestört wird, macht den schönsten Prosasatz, der sich denken lässt.» Das ist ein gutes Rezept. Wer kraftvoll und gefällig schreiben will, strebt den Rhythmus an und verletzt ihn dann ein bisschen. Das beginnt mit der Wortwahl: Wir können ja häufig wählen zwischen Wörtern unterschiedlicher Länge und Betonung – faul oder träge, richtig oder korrekt.

Und dazu dürfen wir die grosse Freiheit der Wortstellung im Satz für rhythmische Zwecke nutzen. Gottfried Keller schrieb nicht «Sie hören die Lerchen über sich singen», sondern «Sie hören die Lerchen singen über sich». Georg Christoph Lichtenberg fragte: «Sagt, ist noch ein Land ausser Deutschland, wo man die Nase eher rümpfen lernt als putzen?» – und alle Musik wäre dahin, hätte er die konventionelle Wortstellung «eher rümpfen als putzen lernt» gewählt. Robert Walser war ein Meister der leichtfüssigen Sätze am Rande der Poesie: «Dann gab es wieder eine Pause», heisst es im «Lustspielabend», und «wieder bekam ich eins über den Schädel von der Musik, dass ich ganz wie von selber den Mund auftat, um hinzuhorchen». Horchen wir hin, wenn wir schreiben! Leser horchen immer.

Weltschmerz und Leberwurst

Die Möglichkeit des Deutschen, Hauptwörter zusammenzusetzen wie Tischtuch oder Hustensaft, ist erstens ein Sumpf und zweitens ein Segen, ja für gebildete Ausländer ein Gegenstand des Neides.

Es ist ein Sumpf, weil die Logik dabei vollständig unter die Räder kommt. Der *Juwelendieb* stiehlt Juwelen; der Taschendieb stiehlt nicht Taschen, sondern den Inhalt von Taschen; der *Hoteldieb* stiehlt weder Hotels noch den Inhalt von Hotels, sondern er stiehlt in Hotelzimmern, zum Beispiel Juwelen; der *Strauchdieb* stiehlt weder Sträucher noch den Inhalt von Sträuchern, noch Juwelen aus Sträuchern, sondern er liegt hinter dem Strauch auf der Lauer, um zu stehlen; der *Meisterdieb* schliesslich stiehlt weder Meister noch den Inhalt von Meistern, noch lauert er hinter einem Meister, sondern er *ist* ein Meister im Stehlen, zum Beispiel von Juwelen.

Jeder Zusammenhang ist also möglich, keiner ist eindeutig. Wir müssen einfach *lernen,* dass ein Kind nicht im *Kindbett* liegen kann, weil in dem die Mutter liegt, sondern nur im *Kinderbett,* auch wenn es allein ist. Wer eine neue Zusammensetzung prägt wie Sigmund Freud die *Trauerarbeit,* der nimmt in Kauf, dass man darunter Handarbeit im Trauerjahr verstehen könnte, obwohl Freud die seelische Verarbeitung des Schmerzes meint.

Wenn der akademisch-bürokratische Schwulst sich ihrer bemächtigt, führt die Hauptwortkoppelung erst recht in den Morast: all die Witterungsabläufe, Innovationspotentiale und Motivationsstrukturen, von denen beim Lob der kurzen Wörter schon die Rede war.

Und ein Segen sind die Zusammensetzungen auch. Sie sind praktisch: *Hausschlüssel* gegen *chiave di casa, Machtwort* gegen *parole énergique.* Sie verhelfen uns zu Unterscheidungen, an denen die romanischen Sprachen scheitern: Ein *Sportzentrum* wird keineswegs nur von sportlichen Menschen genutzt, es lässt unsportliche Zuschauer zu – während das *centre sportif* die Sportlichkeit in das Zentrum selbst verlagert. Wortverbindungen sind saftig wie *Leberwurst* und *Nervenkitzel,* und jeder darf da nach Herzenslust verkuppeln, was noch nie verbunden war: Christoph Martin Wieland tadelte an Schillers «Räubern» die seltsame *Hirnwut,* die man jetzt für Genie halte, Heine nannte seine Frau seinen *Hausvesuv,* und der klingt griffiger und speit feuriger, als wenn man dem Vulkan ein «du ménage» oder «de famille» beigesellen müsste.

So haben denn andere Völker, vor allem die englischsprachigen, aber auch die Franzosen, viele Zusammensetzungen aus dem deutschen Sprachraum importiert, und fast nur diese Art von Wörtern: *le-*

berwurst und *kindergarten, kaffeeklatsch* und *leitmotiv,* und in der Encyclopaedia Britannica hat Aristoteles 347 v. Chr. «his *wanderjahre»* begonnen. Der Import hält an: the *ostpolitik,* le *waldsterben,* the *vergangenheitsbewältigung* sind in jüngster Zeit dazugekommen, Boris Becker war le *wunderkind.* «*The Sackgasse*» taugte 1987 für eine Überschrift im englischen «Economist» und «*The Realpolitik*» 1991 im «Wall Street Journal».

Das Praktische und das Saftige aber sind noch nicht einmal die grössten Vorzüge solcher Wortverbindungen. Ihre ganze Ausdruckskraft erreichen sie erst dort, wo wir durch das Zusammenspannen des Widersprüchlichen einen Zwiespalt benennen können wie keine andere Sprache: *Hassliebe, Freudentränen, Angstlust, Wonneschauer.* Ist es ein Widerstreit aufeinanderprallender Gefühle? Oder sollte da nicht so sehr ein Zwist der Gefühle vorliegen als vielmehr ein Streit zwischen zwei Namen für ein Mischgefühl, das wir nicht anders als mit einem solchen Gegensatzpaar benennen können? «Vermissen und verschlingen sich» Freude und Schmerz in der Liebe, wie Friedrich Schlegel schreibt, oder könnte es sein, dass wir zwei *Wörter* wie «Freude» und «Schmerz» vermischen müssen, um eine vielleicht gänzlich unvermischte Empfindung sprachlich einzukreisen? So oder so: Keine andere Grammatik bietet dem psychologischen Zugriff ein vergleichbares Instrumentarium an.

Da sollte man noch kurz bei den beiden grössten psychologischen Treffern des Deutschen verweilen, dem Weltschmerz und der Schadenfreude. *Malicious joy, joie maligne* bieten die Wörterbücher als Übersetzung für diese Art von Freude an – eine bösartige Freude also, gewiss, doch dass sie durch den Schaden eines anderen entsteht, bleibt unerwähnt. Das Oxford Dictionary setzt folglich hinzu: «malicious joy at another's misfortune». Nun ist es korrekt – aber eine Definition und kein Bestandteil lebendiger Sprache.

Den *Weltschmerz* hat Jean Paul 1823 geprägt, Thomas Mann hat ihn mit «Lebenswehmut» gleichgesetzt (also einer anderen Wortkoppelung); die portugiesische *saudade* kommt dem Weltschmerz nahe, *ennui* ist in ihm enthalten, die Langeweile mit dem Beigeschmack von Lebensüberdruss, bei Baudelaire «fruit de la morne incuriosité». Keines dieser Wörter aber erreicht die empfindsame Schattierung und die internationale Geltung, die den «Weltschmerz» kennzeichnen. Ja, alles an ihm ist unbestimmt, auch das Scherzwort «Weltschmerz ist eine Krankheit für Privatpatienten» definiert ihn nicht. Doch mit den präzisen Begriffen kommen wir nicht aus, wenn wir unseren uralten Wortvorrat an eine sich ständig verändernde Welt anpassen, wenn wir auch das Zwielichtige, Irisierende, das Halbgeahnte benennbar machen wollen. Da helfen uns die Wörter mit der wabernden Aura, die vieldeutig verknüpften, der deutschsprachige Beitrag zur Sprache der Welt.

Verändert der Computer die Sprache?

Aber selbstverständlich! Jedes neue Medium, mit dem sich Wörter fixieren und übermitteln lassen, hat die Sprache verändert. Dass wir «Herzlichen Glückwunsch» schreiben oder sagen, ist eine Folge der Erfindung des Telegramms; vorher waren allein komplette Sätze üblich wie «Einen herzlichen Glückwunsch entbietet Ihnen ...». Das Verbum wegzulassen wie hier oder das Subjekt wie in «Komme erst übermorgen» und den Artikel sowieso: Das legten zunächst die Übermittlungskosten nahe, aber dann stand das Telegramm als Stilmuster für alle Lebenslagen zur Verfügung – auch für das Scherzgedicht des Joachim Ringelnatz auf das verschollene Wurfholz: «Publikum noch stundenlang wartete auf Bumerang.»

Die erste Revolution dieser Art war die Erfindung der Schrift, und sie verfolgt uns bis heute, indem sie zwischen der Schriftsprache und der Umgangssprache einen Graben aufgerissen hat. Da die Schriftzeichen anfänglich in Ton gedrückt oder in Stein gemeisselt werden mussten, erzwangen sie eine radikale Disziplinierung; weg vom einzigen zuvor bekannten Sprachmodell, dem Wortschwall geselligen Palavers und magischer Rituale, hin zu lapidaren Sätzen, wie wir sie (nach lapis, dem Stein) noch heute nennen: «Die ganze Stadt eroberte ich. Die Tore des Tempels nahm ich fort. Im Meer reinigte ich meine Waffen.» Auf eine solche Art von Tempelinschriften hatten sich die Hofpoeten mit den Steinmetzen geeinigt, so eine Sprache von nie erlebter Kürze in die Welt gesetzt und den Stil der amerikanischen Unabhängigkeitserklärung ebenso vorgeprägt wie jene äusserste Sprachverdichtung, die in der Lyrik stattfindet.

Und dann das Papier, das fliessende, fast lautlose Schreiben! Oft sei er nachts erwacht, berichtet Goethe in «Dichtung und Wahrheit», sei ans Pult gerannt und habe ein Gedicht heruntergeschrieben, mit Bleistift, damit nicht «das Schnarren und Spritzen der Feder mich aus meinem nachtwandlerischen Dichten aufweckte». Muss man sich darüber streiten, dass ein solches Gedicht nicht in derselben Form entstanden wäre, hätte Goethe die Gewohnheit gehabt, für die erste Niederschrift eine Schreibmaschine zu benutzen? Edmund Wilson, der führende amerikanische Literaturkritiker der dreissiger bis sechziger Jahre, sagte: «Das Dichten auf der Schreibmaschine hat vermutlich mehr als alles andere zum Verfall der englischen Prosa beigetragen.»

Nun also der Computer. Gegenüber der Schreibmaschine hat er dramatische Vorzüge: kein Einspannen des Papiers, kein Schieben des Wagens; Löschung, Einfügung oder Austausch von Buchstaben, Wörtern, Satzteilen, ja ganzen Absätzen auf

Knopfdruck – und sofort wieder ein untadeliger Text. Dient der Computer bloss der Reinschrift, so sind die Vorteile offenkundig, und eine Veränderung des Stils findet nicht statt. Anders liegt der Fall, wenn ein Autor den Computer als Medium der ersten Niederschrift benutzt (wie heute schon die meisten Journalisten und viele Schriftsteller) und wenn es zweitens um die Prüfung von Texten durch Lektoren und Redaktoren geht.

Für diesen Korrekturvorgang ist das Urteil des Experten eindeutig: Es wird drastisch weniger redigiert als auf dem Papier, das aus der Schreibmaschine kam. Ein überflüssiges Wort zu streichen geht zwar auf dem Computer viel schneller als auf der Maschine, aber umständlicher als mit dem Kugelschreiber ist es schon; also bleibt manches stehen, worüber der Redaktor sich nur ein bisschen ärgert. Längere Texte vom Bildschirm abzulesen strengt die Augen mehr an als dasselbe vom Papier; also neigt der Lektor häufiger als früher dazu, dem Autor zu vertrauen und grosse Passagen ungelesen passieren zu lassen. In beiden Versuchungen wird er bestärkt durch den Anblick der Makellosigkeit: Es sieht alles schon aus wie gedruckt, was soll ich da noch korrigieren! Berücksichtigt man nun, dass Kontrolleure oft versierter als Autoren sind, dass aber auch bei gleichem Niveau der Gegenleser Fehler findet, die dem Autor verborgen blieben – so drängt sich der Schluss auf: In gedruckten Texten müsste die Zahl der Verstösse gegen sachliche Richtigkeit, korrekte Grammatik und gutes Deutsch zunehmen; und da sie in den meisten Zeitungen in den letzten Jahren in der Tat drastisch zugenommen hat, wird dies wohl mindestens zum Teil an den Verführungen durch den Computer liegen.

Nicht so klar fällt die Antwort der Benutzer auf die Frage aus: Ändert sich (und wie ändert sich) mein eigener Text dadurch, dass ich ihn direkt in den Computer eingebe? Hier sagen die meisten: Eine Befreiung, dass ich mich so viel leichter korrigieren kann als auf der Schreibmaschine! Ich brauche nicht im Kopf perfekt zu formulieren, das geschieht per Korrektur; ich brauche nicht einmal im Kopf zu gliedern: Über die Reihenfolge der Absätze entscheide ich erst im zweiten Arbeitsgang. Doch manche räumen ein: Dies ist zwar bequemer – aber ob mein Text dadurch besser wird? Und die meisten geben zu: Dieser wunderbare Anblick von Fehlerlosigkeit macht mich ein bisschen früher in meinen Text verliebt, als ihm vielleicht guttut. Was ich auf der Schreibmaschine als einen Rohentwurf eingestuft und durch Abschreiben verfeinert hätte, sieht heute so kostbar aus, dass ich keine Zeit mehr darauf verwenden möchte.

So stehen wir mitten in der nächsten Revolution, und eine zum Besseren ist es augenscheinlich nicht, wie so viele.

Was möchten viele Schweizer?

«Viele Schweizer möchten die Armee, manche gar die ganze Nation abschaffen», schrieb im vorigen Jahr der «Spiegel». Das ist ein merkwürdiger Satz, rein sprachlich genommen. Bis zum Komma liest man ja, dass viele Schweizer die Armee *mögen.* Nun ist das zwar richtig, aber das Gegenteil dessen, was der «Spiegel» mitteilen wollte: *abschaffen,* das war seine Aussage. Zwei Sekunden lang hat die korrekte Anwendung der Grammatik im Leser eine falsche Vorstellung von den Absichten des Schreibers erweckt. Die deutsche Syntax ist voll von solchen Fallstricken und für die meisten Ausländer ein Graus. Wir haben allen Anlass und erfreulicherweise viele Möglichkeiten, von diesen Regeln einen selektiven und listigen Gebrauch zu machen.

Zwei Sekunden, lässt sich einwenden: Ist das den Aufwand wert? Ja – selbst *eine* Sekunde kann falsche Hoffnungen wecken: «Wir haben im Lotto», sagt ein Mitglied der Familie, und noch bleibt alles möglich, «wieder nichts gewonnen.» Fünf Sekunden lang führte «Die Zeit» ihre Leser irre mit der Überschrift: «Nach 1945 *versagte* die Kirche, die Ausgebombten, Vertriebenen und auch Entnazifizierten half, den überlebenden Juden» (bis hierhin also hat sie «versagt»!) *«die Zuwendung.»* Und auf zwölf Sekunden der Irreführung brachte es die NZZ: «Vor dem Orchester stehend, *verlassen ihn* Konzentration auf die Aufgabe und die beinahe magisch anmutende Sicherheit, mit der er auf das Orchester, sein Orchester, einwirkt, mit der er, über dieses Orchester, das Publikum fesselt» (der arme Kerl – all das hat ihn verlassen?) *«nicht* mehr.»

Hier gibt es also ein Problem. Der Leser, über den Sinn des Satzes zu lange im unklaren gelassen, stellt während der Lektüre unwillkürliche Vermutungen darüber an, er baut einen *Zwischensinn* auf – und wenn der falsch ist, dann hat der Schreiber versagt. Simultandolmetscher, die auf internationalen Konferenzen übersetzen, *müssen* mit solchen Vermutungen operieren: Warten sie bis zur rettenden Auflösung am Schluss des Satzes, so können sie einen Teil der vorher genannten Einzelheiten nicht nachtragen, weil ihr Gedächtnis überfordert wird. Doch ihr Alltag ist voll von Pannen, weil ihre Vermutung falsch war – wie in dem Satz auf einem Historikerkongress: «Captain Jones *fiel* im Krimkrieg» (Gott sei Dank, denkt sich der Dolmetscher, das Verb steht vorn, ich kann schon anfangen), «nachdem er nicht weniger als 21 feindliche Kanonen erbeutet hatte» (dabei fällt man, das ist klar), «auch in der Schlacht von Balaclava durch grosse Tapferkeit *auf.»*

Die Not der Konferenzdolmetscher macht nur deutlich, was unser *aller* Plage ist, wenn wir typische deutsche Sätze lesen: Erst von hinten her begreifen wir, wie wir sie hätten lesen müssen; die Hälfte haben wir bis dahin vergessen; und die beliebte Vorstellung, dass Leser nach dem Ende des Satzes den Anfang ja noch einmal lesen könnten, ist erstens unrealistisch und zweitens, falls sie den Schreiber leitet, nicht frei von Schamlosigkeit.

Was tun? Das Problem in aller Schärfe erkennen und dann ein bisschen List anwenden, mit grossen literarischen Vorbildern. «Viele Schweizer möchten die Armee abschaffen, manche gar die ganze Nation»: Das Verb wird einfach nach dem ersten Glied der Aufzählung eingeschoben, die grammatische Korrektheit ist gewahrt, der falsche Zwischensinn beseitigt und sogar ein bisschen Kraft gewonnen. Wie bei Schiller: «Alle Bande des Gewinns waren aufgelöst, alle des Bluts und der Liebe.» Die Kirche *versagte* nicht, wenn wir den Satz so umbauen: «Kirche nach 1945: Den Ausgebombten half sie, den Juden versagte sie die Zuwendung» (die Verb-Ergänzung, die den Sinn trägt, ist ans Verb herangezogen). «Nichts verlässt ihn mehr, wenn er vor dem Orchester steht: Konzentration auf die Aufgabe ...» (das *nichts* vom vorletzten Platz auf den ersten geschoben). «Auch in der Schlacht von Balaclava *fiel* Captain Jones durch grosse Tapferkeit *auf;* schon vorher hatte er ...» (*fiel* und *auf* sind nicht mehr durch 21 Wörter getrennt, sondern nur noch durch 5; und selbst auf diesem kurzen Weg ist kein Missverständnis möglich: Das einleitende *auch* lässt die Deutung, dass er gefallen sei, nicht zu – man fällt nur einmal). Schliesslich sollten wir mit einer Sitte brechen, die nicht von der Grammatik vorgeschrieben, sondern lediglich im Deutschunterricht hochgehalten wird: der Wortfolge «... bis sein Grab auf dem Kirchhof gerüstet sei». Die Grammatik lässt zu, der Verständlichkeit ist gedient und Johann Peter Hebel hat geschrieben: «... bis sein Grab *gerüstet sei* auf dem Friedhof.» Die Umstandsangabe ist also aus dem Mittelfeld des Satzes herausgenommen und hinter das Verb geschoben – romanische Wortstellung! In diesem kurzen Satz noch mit geringem Gewinn, bei typisch deutschen Satzschachteln aber mit dramatischen Vorzügen. Und eben dies ist der klassische Satzbau des Deutschen, den eine verblendete Germanistik uns entfremdet hat. Schiller: «... was Menschen *wagen* dürfen für die gute Sache und ausrichten *mögen* durch Vereinigung.» Heine: «Flammenströme des Gesanges sollen sich *ergiessen* von der Höhe der Freiheitslust in kühnen Kaskaden, wie sich der Ganges *herabstürzt* vom Himalaya.» Max Frisch: «Sie will nichts mehr *wissen* davon, was hier in der Kajüte *geschehen ist* vor siebzig Jahren.» Peter Handke: «Ein schmaler Himmel, der *verhüllt* wird von dem Qualm der Eisenwerke.» Patrick Süskind: «[ein Mann,] ... der sein Leben *lang auf der Flucht war* vor dem Tod.»

Man sieht: Wer die deutsche Syntax phantasievoll liebt, kann selbst ihr schöne Kinder machen.

Unruhe in der Untiefe

«Diese Veränderungen ergeben zusammen nichts weniger als eine zweite russische Revolution», hiess es kürzlich im Leitartikel einer angesehenen deutschen Zeitung. Der Schreiber hatte offenbar das s übersehen – *nichts weniger* als eine Revolution, das heisst ja: eine Revolution ganz besonders wenig, nichts noch weniger als diese, also absolut keine Revolution. Aber wollte er das sagen? *Nicht weniger* wollte er sagen, nämlich ziemlich viel – geradezu eine Revolution! Ein einzelner Buchstabe kann die Verneinung tragen und *nichts* das Gegenteil von *nicht* bedeuten; kein Deutschlehrer hat uns das je erzählt, und so paddeln wir sorglos im Teich der Verneinungen, nicht ahnend, dass er schlimme Untiefen enthält.

Un-, das sind immerhin zwei Buchstaben, aber auch sie richten Unheil an, wenn es um die Eindeutigkeit der Mitteilung geht. Un- ist einerseits die Verneinung: *unpassierbar, unverzeihlich.* Leider ist es andererseits die Verstärkung, also die drastische Bejahung: *Untaten* und *Unmengen* durchkreuzen keineswegs die Taten und die Mengen, sondern sie zeigen sie in ihrer schlimmsten Form. Nimmt man den *Unrat* und die *Unverfrorenheit* hinzu, die den Rat und die Verfrorenheit weder verneinen noch bekräftigen, so stossen wir wieder einmal auf die schmerzliche Einsicht: Logisch ist an der Sprache fast nichts; wer sich in ihr trotzdem unmissverständlich äussern will, muss List und Mühe investieren.

Was heisst nun *Untiefe?* Die Verneinung der Tiefe, also eine seichte Stelle? Ja, sagt der Duden. Oder die Verschlimmerung der Tiefe, also eine besonders tiefe Stelle? Ja, sagt der Duden. Segler und Seeleute haben damit kein Problem: Sie fürchten die flachen Stellen; die Tiefe zu verneinen ergibt für sie denselben Sinn, wie sich diejenige Form der Tiefe vorzustellen, die für sie die schlimmste ist: nämlich nicht genug Wasser unter dem Kiel zu haben. Für Nichtschwimmer und Landratten ist es leider umgekehrt: Sie haben Angst vor der unermesslichen Tiefe. Und so hat der zuständige Unhold in der Duden-Redaktion das Unding produziert, derselben Vorsilbe die Verneinung *und* die Verschlimmerung aufzubürden.

Da können wir nur hoffen, dass die fünf Buchstaben des Wortes *nicht* stets Klarheit schaffen, vorausgesetzt, dass wir nicht fahrlässig ein sinnumstülpendes s an sie anhängen. Doch die Hoffnung ist unbegründet. «Die Zerschlagung der Sowjetunion wirft die Frage auf, ob die Gefahr eines Atomkriegs dadurch – *grösser geworden ist* oder *nicht grösser geworden ist»?* Beides lässt sich sagen, das *nicht* ändert an der Bedeutung nichts.

Von solcher Art sind die Probleme mit der einfachen Verneinung. Wagen wir uns also unerschrokken an die doppelte, nach dem Muster «nichts für ungut» (was immer das bedeuten mag). Die doppelte Logik hat nur einen Haken: Nach hochdeutscher Logik sagt das zweite Nein «nein» zum ersten Nein, durchkreuzt es also und ergibt ein Ja. «Wir haben keinen Grund, nicht nach Basel zu fahren», heisst: Wir können fahren.

Nur funktioniert es leider umgekehrt in allen Volkssprachen des Abendlandes, in allen deutschen Dialekten und sogar bei Schiller und Goethe; dort überall gilt der Grundsatz: Das zweite Nein ist eine Absicherung und Bekräftigung des ersten; was nicht ist oder nicht sein soll, kann gar nicht oft genug verneint werden – «I don't have no money» im amerikanischen Slang, «Ick hab keen Jeld nich» in Berlin. Das Ganze, wie unschön für die Logik (oder wie schön für die Unlogik), mit Goethe im Bunde; er schrieb aus der Schweiz: «Sie versicherte, dass sie *keine* erbärmlichere Geschichte *niemals* gehört habe.» Und mit Schiller: Der Herzog von Alba erliess ein Dekret, «das allen Niederländern *untersagte,* ohne seine Bewilligung *keine* Heirat zu schliessen». Die Untersagung des Nichtheiratens ist nach aller Logik ein Heiratsgebot – aber eben nur nach ihr.

Wenn nun wenigstens die Logiker die doppelte Verneinung beherrschten! Sie tun es nicht und verwenden sie doch. «Wir haben dem Gewaltverzicht abgeschworen», versicherte der ehemalige Bonner Verteidigungsminister Hans Apel im Bundestag; er meinte: der Gewalt abgeschworen; er sagte: auf den Verzicht verzichtet, also die Gewalt gewählt. Lessing traute sich eine dreifache Verneinung zu und meisterte sie nicht: «Wie wild er schon war, als er nur hörte, dass der Prinz dich jüngst *nicht ohne Missfallen* gesehen» («Emilia Galotti» II,6). Das heisst: mit Missfallen; gemeint sein kann aber nur: mit Wohlgefallen. Die dreifache Verneinung ist logisch ein Nein, das durch das zweite Nein in ein Ja verwandelt und durch das dritte Nein in ein Nein zurückverwandelt wird – eine etwas umständliche Form des Neinsagens, deren Nichtunterlassung eigentlich ausgeschlossen werden sollte.

Wie quert man dieses Feld der Widersprüche, ohne sich den Knöchel zu verstauchen? Indem man sich aller bloss logischen doppelten Verneinungen enthält und auch der einfachen Verneinung mit wachem Misstrauen begegnet. In all den Neins und Nichts ist ja oft ein Ja verborgen, und es ist dieses Ja, das wir suchen, schreiben und sprechen sollten – auch hier mit Goethe verbündet: «Namen nennen dich nicht, dich bilden Griffel und Pinsel sterblicher Künstler nicht nach!» hatte ein Deutschlehrer 1812 zum Ruhm der Sonne gedichtet. Zu viele Verneinungen! urteilte Goethe und machte daraus: «Alles kündet dich an! Erscheinet die herrliche Sonne . . .»

Sohn Josef auf Pferd Otto

Im NZZ-Folio war zu lesen «1934 kam Sohn Josef zur Welt» und im «Zeit»-Magazin, dass einer auf «Pferd Otto» ritt. Dies ist erstens scheusslich, zweitens erstaunlich und drittens ermutigend.

In unverkrampftem Deutsch würde man natürlich «sein Sohn Josef» schreiben oder «Josef, sein Sohn» oder «sein Sohn, den die Eltern Josef tauften», und später wäre der auf *seinem* Pferd geritten, egal ob es Otto oder Rochus hiesse. «Sohn Josef» ist eine Sonderform des Telegrammstils, beim Nichttelegrafieren nicht allzu sinnvoll, bei Goethe so wenig vorgesehen wie bei Dürrenmatt oder im Duden. Gleichwohl: *Scheusslich* bleibt ein Geschmacksurteil, und der Geschmack mag sich ja wandeln.

Erstaunlich – das ist dagegen eine unparteiliche Feststellung, die sich begründen lässt. Da rief also 1923 Henry Luce die Wochenzeitschrift «Time» ins Leben, die Mutter aller Nachrichtenmagazine, und verordnete ihr ein Quantum Sprachmarotten als kalkulierten Bestandteil des Geschäftserfolgs: Die Redaktoren kitzelten ihre Leser mit kessen Telegrammfloskeln wie *220-pound-Churchill;* mit mutwilligen Verstössen gegen die englische Grammatik wie in der Wortstellung *said he;* mit selbsterfundenen exotischen Wörtern wie *punditry* für die staatsmännische Weisheit, vom Hinduwort *Pandit* für einen brahmanischen Gelehrten abgeleitet, das Nehru als Titel führte.

Von einem so frechen Umgang mit der Sprache war der 23jährige Rudolf Augstein fasziniert, als er 1947 den «Spiegel» gründete: Sollten sich nicht mit vergleichbaren Sprachverkrümmungen auch deutsche Leser ködern lassen – Aufmerksamkeit um jeden Preis, und vielleicht gelänge es ja, den Normbruch als chic zu präsentieren? Es gelang. Zwei Stilfiguren zumal haben von der Hamburger «Spiegel»-Redaktion aus den gesamten deutschen Sprachraum durchseucht, bis nach Bozen und ins Burgenland, ja bis nach Zürich, allem sonstigen Misstrauen gegen Importe aus dem Norden zum Trotz – die Wortstellung «Hatte gestern einen Misserfolg: Hans Dietrich Genscher» (ein Einfall von genialer Ökonomie, da eine blosse Vertauschung der beiden Satzhälften ganz normales Deutsch ergäbe) und *Sohn Josef* eben, der auf *Pferd Otto* reitet. So schreiben inzwischen die meisten Journalisten deutscher Sprache, ja manche Leute sprechen schon so – weil genau zwei Männer es so wollten: Henry Luce und Rudolf Augstein. Das wird man erstaunlich nennen dürfen.

Nur liegt darin zugleich die *Ermutigung.* Augstein hat bewiesen, dass der einsame Entschluss eines einzelnen Mannes tiefe Spuren durch den Sprachgebrauch der hundert Millionen Menschen ziehen kann, die Deutsch zur Muttersprache haben. Das sollten sich alle Sprachfreunde, Deutschlehrer, Journalisten und Professoren der Germanistik vor Augen halten, wenn sie achselzuckend oder gar kämpferisch behaupten, man müsse zur Kenntnis nehmen, dass die Sprache *sich entwickle;* folglich mache man sich lächerlich, wenn man versuche, sich einem neuartigen Umgang mit Wörtern und Sätzen entgegenzustemmen, bloss weil er gegen die Regeln von gestern verstosse.

Diese Meinung ist so populär wie falsch. Denn es gibt kein von den Menschen abgehobenes Medium «Sprache», das *sich entwickelt* – sondern die hundert Millionen Menschen deutscher Muttersprache *entwickeln* sie. Mit jedem Wort, das einer spricht oder nicht spricht, mit jedem Satz, den einer schreibt oder nicht, trägt er dazu bei, die Sprache zu entwickeln, ob er will oder nicht. Ist er Lehrer, Pfarrer oder Journalist, so erreicht sein unvermeidlicher Beitrag zur Sprachentwicklung schon eine beachtliche Grösse.

Die Deutschlehrer und die Radiosprecher der Schweiz haben in den letzten Jahrzehnten wesentlich dazu beigetragen, das Verhältnis der Eidgenossen zum Hochdeutschen zu verändern; die Deutschlehrer Deutschlands haben ihre Ansprüche an den korrekten Umgang mit Grammatik, Rechtschreibung und Zeichensetzung so drastisch gesenkt, dass man von einem jungen Doktor der Germanistik heute keinen Text mehr erwarten kann, in dem die Kommas stimmen. Sie alle, wir alle entwickeln die Sprache, und wer die Beherrschung der korrekten Konjunktive schön und «Sohn Josef» hässlich findet, hat dasselbe Recht und dieselbe Chance, für sein Werturteil zu kämpfen wie die, die «Pferd Otto» als fortschrittlich und den Konjunktiv als veraltet ausgeben.

Sich gegen eine Mode zu stellen, die von Millionen getragen wird, mag schwer sein; hoffnungslos ist es nicht. Alle Feinheiten der Grammatik sind immer nur von Minderheiten durchgefochten worden: von Lehrern, Priestern, Dichtern. Die Mehrheit ist stets bereit, einer engagierten Minderheit zu folgen. Es lohnt sich also, für diejenige Art von Sprachentwicklung einzutreten, die man für die richtige hält. Zum Beispiel für diese:

Wir finden die Einhaltung von Spielregeln in der Sprache nicht weniger wichtig als beim Tennisturnier. Wir wahren den Reichtum an grammatischen Feinheiten. Wir erlauben uns keine Schlamperei im Umgang mit einem Kulturgut ohnegleichen, das wir weitergeben sollten an kommende Generationen. Das frische, konkrete, wahrhaftige Wort verteidigen wir gegen Tarnsprache und abstrakte Floskeln. Wir wissen, dass die Sprache lebt und sich verändern muss; aber dies ist nicht gleichbedeutend mit der Neigung, vor jedem modischen Unfug in die Knie zu gehen.

Wie man einen Text mit Punkten tötet

Eine Seuche geht um im deutschen Sprachraum. Es ist die Seuche der Punkte. Die meisten Mitmenschen unter 30 sucht sie seit ein paar Jahren heim; fünf weitere schöne Satzzeichen hat sie abgetötet, nur das Komma lässt sie leben, doch oft torkelt es besoffen durch den Text. Ältere Leute sollten das zur Kenntnis nehmen, die jüngeren aber sich darüber klarwerden, dass sie zweierlei Schaden anrichten: Sie machen die Sprache ärmer, und ihren Lesern vergällen sie die Lust (was sie hoffentlich ein bisschen irritiert). In Rede steht nicht die Pedanterie, sondern jenes Quantum atmender Lebendigkeit, die sich einem geschriebenen Text allenfalls einhauchen lässt.

Beim Sprechen heben und senken wir die Stimme, wir werden lauter und leiser, schneller und langsamer, wir können einzelne Wörter herausheben, andere ironisch färben, wir können seufzen oder tragisch deklamieren. Wenn wir diese hunderterlei Schattierungen von Farbe und Klang in den geschriebenen Text hinüberretten wollen, stehen uns genau sieben Zeichen zur Verfügung: . , ; : – ! ? Welch schreckliche Armut! Viele Schriftsteller haben das beklagt, Ernst Jandl hat Tempobezeichnungen an Gedichte geschrieben, die französischen Lettristen haben Buchstaben für Lispeln, Röcheln, Grunzen erfunden.

Was also läge näher, als wenigstens von diesen sieben Zeichen einen gescheiten und lebhaften Gebrauch zu machen? Haben wir nicht Chancen verschenkt, wenn eine ganze Seite nicht jedes der sieben wenigstens einmal enthält? Wer watet schon gern durch zähes Blei, wenn ihn nicht hin und wieder ein Zuruf, die kleine Spannung einer Frage, das federnde Scharnier eines Doppelpunktes tröstet?

Doch all das ist nicht mehr modern. Junge Leute – sogar Germanisten eingeschlossen – schreiben überwiegend: «Wann kommst du, fragte er» oder «So nicht, schrie sie ihn an», obwohl wir doch ein Frage- und ein Schreizeichen in unserem kargen Vorrat haben, die dem Leser das optische Signal «Stimme heben!» geben und für fröhliche Bewegung sorgen könnten.

Während . ! ? einen Gedanken für vorläufig beendet erklären, haben die vier anderen Satzzeichen die willkommene Eigenschaft, dem Leser mitzuteilen, dass eine zweite Hälfte meiner Botschaft ihn erwartet. So der Doppelpunkt. Doch was liest man immer häufiger? «Ich mache einen Vorschlag. Wir reisen schon morgen.» Der Doppelpunkt gäbe das Signal: Und nun kommt er, der Vorschlag! Meine Aussagge hat zwei Hälften, die zweite ist die Folgerung aus der ersten, und genau dafür hat der liebe Gott den Doppelpunkt erfunden. Dass er logisch zwingend ist, muss nicht jedermann beeindrucken; aber dass er dem Leser eine Brücke baut, ihn einlädt: Lies weiter, die Erklärung folgt sogleich! Das ist nicht nur höflich gegenüber dem Leser – es ist auch zweckmässig für den Schreiber: falls er nämlich gelesen werden möchte; falls er Wert darauf legt, seinen Text durch Lebendigkeit aus dem toten Meer der allzu vielen Buchstaben herauszuheben.

Eine ähnlich willkommene Brücke baut der Gedankenstrich, wie der sechs Zeilen weiter oben: Lies weiter! sagt auch er, die andere Hälfte kommt erst, vielleicht sogar die Hauptsache, die alles erklärt! Welcher Leser verfiele ausgerechnet beim Gedankenstrich auf die Idee, mit der Lektüre aufzuhören? Es ist der Punkt, der dazu einlädt, die Stimme zu senken und eine Pause einzulegen; manchen Leser wirft er aus dem Text wie der Fernsehspot den Filmbetrachter.

Auch das Semikolon verbindet, es lässt einen elastischen Übergang zwischen zwei halben Gedanken zu, es ist eine willkommene Stufe zwischen dem hurtigen Komma und dem abschliessenden Punkt. «Was das Glockenläuten zur Ruhe der Verstorbenen beitragen mag, will ich nicht entscheiden; den Lebendigen ist es abscheulich» (Georg Christoph Lichtenberg). Das Komma trennt nur den einleitenden Nebensatz vom Hauptsatz ab; das Semikolon sagt dem Leser zweierlei: Hier findet eine grössere Zäsur als beim Komma statt; und der Hauptsatz, der nun folgt, enthält erst jene Fortsetzung meines Gedankens, ohne die der erste Hauptsatz unvollständig wäre. «Der freiwillige Verzicht auf Satzperioden, in denen zwei Semikolons vorkommen, ist nicht nur ein Verzicht auf Zeichensetzung, sondern ein Verzicht auf Denkvorgänge», schreibt Günther Grass.

Und schliesslich ist auch das blosse Komma noch ein Bindeglied. «Balken krachen. Pfosten stürzen. Fenster klirren. Kinder jammern. Mütter irren», das hat Schiller *nicht* geschrieben, sondern: «Balken krachen, Pfosten stürzen, Fenster klirren ...» Muss man sich darüber streiten, dass durch die Kommas eine völlig andere Sprachmelodie entsteht, dass es nicht gleichgültig ist, ob ich eingeladen werde, die Stimme fünfmal zu heben und weiterzulesen, statt sie fünfmal zu senken und zu pausieren? Kurze Sätze werden selbstverständlich durch Kommas getrennt! Doch die unter Dreissigjährigen schreiben lieber: «Das ist falsch. Wofür haben wir einen Punkt. Soll er doch meinen Text in Stücke hacken. Ich liebe ihn.»

Und nicht nur statt der anderen sechs Satzzeichen verwenden sie den Punkt im Exzess, sondern gern auch dort, wo überhaupt kein Zeichen hingehört: «Die Menschen hungern. Und haben keine Hoffnung», liest man in einer Illustrierten. Ja doch. Das ist eine erlaubte Stilfigur. Einmal auf zwanzig Seiten. Aber nicht zehnmal auf einer. Macht nur so weiter. Wir hören eben auf, Euch zu lesen. Irgendwie.

Akademische Oberschwanzdeckfedern

Dass die menschliche Sprache der Verständigung diene, war schon immer eine stark übertriebene Behauptung. Von jeher ist sie in viel höherem Grade das Vehikel des Geschwätzes («Da sag ich doch zu ihm: Mein Gott!, sag ich»); des magischen Rituals in Gebet, Beschwörung, Aberglauben und der Manipulation durch politische, kommerzielle und private Propaganda. Zieht man noch die traurige Rolle der Lüge, des Befehls und der Beschimpfung ab, so blieb für den Wunsch, eine Mitteilung zu machen, immer nur ein bescheidener Teil unseres Wortaufkommens übrig.

Dieser Rest nun hat sich in den letzten Jahrzehnten weiter verkleinert durch den Wortfleiss einer explodierenden Anzahl von Professoren und Studenten der Geisteswissenschaften, zumal der Kommunikationswissenschaft und der Soziologie. Verständigung kann einfach nicht ihr Ziel sein, wenn sie schreiben: «Ambiguitätstoleranz ist das psychische Korrelat der Normen- und Interpretationsdiskrepanzen sowie der nicht voll komplementären Bedürfnisbefriedigung im Interaktionssystem.»

Was liegt hier vor? Der Wunsch, Nichtwissende durch Information zu Wissenden zu machen? Das wäre ein Versuch mit untauglichen Mitteln. Nein:

Offensichtlich geht es um den Ausweis der Zugehörigkeit nach innen und um die Einschüchterung nach aussen. Wer sich so auszudrücken versucht, teilt den Fachkollegen mit, dass er ein würdiges Mitglied ihrer Clique ist; den Studenten gibt er das Signal: Wenn du so schreiben lernst, werden wir dir akademische Grade verleihen; und wer das erhabene Kauderwelsch nicht beherrscht, der wird von der Kommunikation ausgeschlossen und hat uns sprachlos zu bewundern. Da schlägt ein Pfau sein Rad und will uns, statt mit Oberschwanzdeckfedern, mit ebenso gespreizten Vokabeln imponieren.

Nun kommen sie natürlich, die Experten, und behaupten, das Neuartige und Komplizierte ihrer geistigen Höhenflüge sei in schlichteren Worten nicht zu fassen. Doch diese Behauptung ist falsch. Wer hätte je seinen Zeitgenossen ungewohntere Gedanken zugemutet, als Franz Kafka und Sigmund Freud dies taten? Doch Kafka transportierte seine Botschaft mit einem auffallend kargen Wortvorrat, und Freud war ein brillanter Stilist von bestechender Klarheit. Mit Recht wird in seinem Namen ein Sigmund-Freud-Preis für wissenschaftliche Prosa verliehen; sein Träger von 1985, der Historiker Hermann Heimpel, sagte: «Wissenschaftliche Prosa ist genau, also unbequem für den Autor; und einfach, also bequem für den Benutzer gelehrter Arbeiten, mitten in dem ungerügten schlechten Deutsch eines ausufernden Wissenschaftsbetriebs.»

Wenn unsere Geisteswissenschafter von interessierten Laien verstanden werden wollten und wenn sie bereit wären, die Plage der Einfachheit auf sich zu nehmen: so wäre die Verständlichkeit herstellbar. Aber sie wollen eben nicht. Zu dem Vorzug der elitären Absonderung vom gemeinen Volk tritt ja noch ein anderer. Wenn man etwa den Geologen ihr scheussliches Chinesisch nähme («Die mesozoische Geosynklinalphase wurde vom kontinentalen Verrucano eingeleitet») – so blieben ihnen doch die Steine. Was aber bleibt den Soziologen, wenn man sie ihrer pompösen Begriffe beraubt? Die Soziologie bedient sich keiner Fachsprache, sie ist eine.

Der Philosoph Karl Popper hat das auf brutale Weise anschaulich gemacht: Er hat typischen Zunftjargon auf seinen Informationsgehalt reduziert. So nahm er den Satz von Jürgen Habermas «Theorien erweisen sich für einen speziellen Gegenstandsbereich dann als brauchbar, wenn sich ihnen die reale Mannigfaltigkeit fügt» – und übersetzte ihn: «Theorien sind auf ein spezielles Gebiet dann anwendbar, wenn sie anwendbar sind.» Eine gewisse Dürftigkeit der Aussage ist da nicht zu übersehen; dass Habermas solche Sätze nicht zu Büchern hätte schichten können, ist offensichtlich. Jargonzertrümmerung würde folglich die Existenzgefährdung streifen; auf entsprechenden Hass muss der Zertrümmerer vorbereitet sein.

Das soll uns nicht hindern. Wir haben starke Bundesgenossen. «Ach, wie sie mich ekeln, die absichtsvoll verrätselten Worte!», sagt Elias Canetti, Träger des Nobelpreises für Literatur. «Was sich sagen lässt, lässt sich klar sagen», schreibt der Philosoph Ludwig Wittgenstein, «und worüber man nicht sprechen kann, darüber muss man schweigen» – mit der Popperschen Variante: «Wer's nicht einfach und klar sagen kann, der soll schweigen und weiterarbeiten, bis er's klar sagen kann.»

Ein schrecklicher Rat für jemanden wie den Schreiber des folgenden Satzes: «Die Erkundung molestierender Ontologiegehalte legt jenen Offenhaltungsanspruch diskreter Hintertüren von Subjektkonstitution gegen affirmative Dementi frei, welcher sich einer violentes Verbot genealogischen Ermittelns ob seiner Exkulpationsprämien favorisierenden Tradition indolenter Kritik verdankt.» Da sollten wir gar nicht zu verstehen versuchen – da sollten wir verachten.

Von der Verachtung ausdrücklich ausgenommen sei jener offenbar akademisch gebildete Bettler, der aus dem Jargon die Komik kitzelte, indem er an seinen umgestülpten Hut ein Schild mit der Aufschrift lehnte: «Ich möchte diesen Spendenaufruf als Thematisierung gesellschaftlicher Widersprüche verstanden wissen.»

Der weit überschätzte Nebensatz

«Blamier mich nicht, mein schönes Kind, und grüss mich nicht Unter den Linden», heisst es in Heines berühmtem Gedicht – vom Satzbau her ein Grund zu stutzen. Blamier mich nicht, *indem* du, *dadurch dass* du mich Unter den Linden grüsst: Wäre das nicht der korrekte Ausdruck des Kausalzusammenhangs? Heine zog die Reihung zweier Hauptsätze vor, durch ein *und* verbunden, das, rein logisch betrachtet, nichts begründet. Warum ist ein Satz wie «Sei doch so nett, mir das Buch zu geben» im mündlichen Deutsch kaum je zu hören? Weil wir lieber auf die Begründung der Nettigkeit verzichten und statt dessen sagen: «Sei doch so nett *und* gib mir . . .»

Das kann nur heissen: Wir lieben die Hauptsätze. Sie sind die natürlichste und zugleich die poetischste Form, uns mitzuteilen. Sie dominieren bei Homer, in den isländischen Sagas, in den Grimmschen Märchen und in der Bibel. Hiob sprach eben nicht: Der Herr, der's gegeben hat, hat's auch genommen, so dass sein Name gelobt sei – sondern: «Der Herr hat's gegeben, der Herr hat's genommen; der Name des Herrn sei gelobt!» Der Nebensatz hat einen Beigeschmack von Schriftlichkeit, Literatur, Abstraktion. Er ist ein Produkt des Schulunterrichts. Er hat

Meriten, auf die zu verzichten unsinnig wäre; aber zugleich stellt er schlimme Versuchungen bereit.

Erste Versuchung: Wir schieben den Nebensatz mitten in den Hauptsatz hinein und zerreissen damit alle Vernunft. «Er hatte das Buch, das er seinem Freund leihen wollte, leider verloren» – korrekt und dabei ziemlich töricht. «Er hatte das Buch» (wie schön), «das er seinem Freund leihen wollte» (ja doch, aber was war nun mit dem Buch?) «leider verloren.» Aha, er hatte es also *nicht*. Der Autor entschied sich, die Information A auf halbem Weg zu unterbrechen, uns mit der Information B zu bedienen und dann die Information A zu komplettieren. Sollte es wirklich keine unverkrampftere Form der Mitteilung geben? «Leider hatte er das Buch verloren, das er seinem Freund leihen wollte» – nun steht der Nebensatz da, wo er hingehört: am Schluss, und aus der Abfolge A-B-A ist die allein vernünftige Abfolge A-B geworden. Nicht gerechnet, dass man sich für zwei Hauptsätze entscheiden könnte: «Er wollte seinem Freund das Buch leihen, aber er hatte es verloren.»

Zweite Versuchung: Der eingeschobene Nebensatz enthält gar keine erläuternde Nebensache (was allein ihn allenfalls rechtfertigen könnte), sondern eine gleichrangige Hauptsache. In einem Artikel über junge Unternehmer war zu lesen: «Heute sind die beiden, die eine Million in das Geschäft investiert hatten, zerstritten.» Der Autor erzählt also zunächst die halbe Gegenwart (zwei *sind*, was auch immer), dann springt er in die Vergangenheit, dann beschenkt er uns mit dem Rest der Gegenwart. Gründlicher kann man es nicht zertrümmern, jenes Drama in zwei Akten, das nach zwei Hauptsätzen schreit: «Erst haben sie eine Million investiert – und nun sind sie zerstritten.»

Die dritte Versuchung: Man schachtelt in den einen Nebensatz einen zweiten und vielleicht einen dritten – völlig korrekt natürlich, aber die Pest für Ausländer und ein Ärgernis für alle Leser. In der Karikatur: «Derjenige, der denjenigen, der den Pfahl, der an der Brücke, über die der Weg, der nach Wien führt, steht, umgeworfen hat, anzeigt, erhält eine Belohnung.» Und ernst gemeint (in einem NZZ-Artikel): «Grundsätzlich nimmt die Altertümlichkeit der Dialekte nach Süden zu, wie etwa bei der Hiatusdiphtongierung normalschweizerdeutsches *schneije* gegen alpines *schnije* steht, sich vor allem aber nach Südwesten verstärkt, so dass eine Kombination der beiden Gegensätze teilweise eine Dreiteilung der deutschen Schweiz in einen neuerungsfreundlicheren Nordosten, einen halbaltertümlichen Westen und einen sehr archaischen Südwesten (Berner Oberland und Wallis oder auch Wallis allein, ergänzt um Relikte in den von dort stammenden Walsermundarten in Graubünden) erkennen lässt.»

Da wird es Zeit, etwas zur Ehrenrettung des Nebensatzes vorzubringen. Er kann, an den Hauptsatz angehängt, der Befreiungsschlag gegen andere Formen der Verschachtelung sein: nicht «Dies ist das Ihnen von der Direktion für die nächsten drei Wochen zugewiesene Zimmer», sondern: «Dies ist das Zimmer, das die Direktion Ihnen ...». Nicht: «Er forderte von X die Widerrufung aller gegen ihn vorgebrachten Verleumdungen», sondern: «Er forderte X auf, die Verleumdung zu widerrufen, die X gegen ihn vorgebracht hatte.» Und der Nebensatz kann den Gipfel der Eleganz erklimmen – wenn er meisterlich gehandhabt wird. «Es gibt jetzt der Vorschriften, was man sein soll, so mancherlei Arten, dass es kein Wunder wäre, wenn die Menge auf den Gedanken geriete, zu bleiben, was sie ist» (Lichtenberg). Oder: «Haben wir bisher gestaunt, dass solche Bauwerke nur so weit gediehen, so werden wir mit der grössten Bewunderung erfahren, was eigentlich zu leisten die Absicht war» (Goethe über den Kölner Dom). Oder: «Die Juden, wenn sie gut, sind sie besser, wenn sie schlecht, sind sie schlimmer als die Christen» (Heine). Oder Dürrenmatts Spott auf die Intellektuellen: «Von der Welt, wie sie ist, leben sie; von der Welt, wie sie sein sollte, nehmen sie die Massstäbe, die Welt zu verurteilen, von der sie leben.»

Wer sich aber solchen Satzmodellen nicht gewachsen fühlt, der tut gut daran, es mit Tucholskys drei «Ratschlägen für einen guten Redner» zu halten: Hauptsätze. Hauptsätze. Hauptsätze.

Lob der Festrede

Die Festrede hat eine schlechte Presse. Nichts ist wohlfeiler, als ihr hämisch nachzuweisen, dass sie langweilig, geschwätzig und geschwollen sei. «Dem Gedanken geht die festliche Rede aus dem Weg», schreibt der Kulturhistoriker Hermann Glaser. «Was gemeint ist, bleibt unklar; wahrscheinlich ist überhaupt nichts gemeint.»

Wie ungerecht! Natürlich, wir kennen alle jene Redner, die auf Gemeinplätzen einen schrecklich langsamen Walzer tanzen; die ihre Wörter einspeicheln und in der Mundhöhle zum Salat anrichten; die, statt zum herbeigesehnten Ende zu kommen, die Drohung ausstossen: «Bevor ich zum Schluss komme, will ich noch ...» oder gar «Lassen Sie mich eine erste Zwischenbilanz ziehen», wenn die Zuhörer meinten, die Schlussbilanz wäre der Rede schon vor zehn Minuten ziemlich gut bekommen.

Selbst schlechten Festrednern aber bleibt zuzubilligen, dass man von ihnen etwas fast Unmögliches verlangt – ein Umstand, der die gute Festrede desto bewunderungswürdiger macht. Nicht zu lang soll sie sein; freilich nicht so kurz, dass es der Würde des Anlasses unangemessen wäre; wiederum so lang natürlich, dass alle Honoratioren begrüsst und ihre Anliegen gewürdigt werden können.

Wenn die Rede folglich weder kurz noch lang sein darf, so muss sie doch kurzweilig sein – nur bitte nicht um den Preis satirischer Anmerkungen zu den Honoratioren oder ihren rühmlichen Anliegen. Unbedingt muss der Redner das von allen Erwartete sagen – vorausgesetzt, dass die Festrede das Unerwartete enthält, weil nur dadurch die Gäste am Gähnen gehindert werden können.

Falls ein Redner scheitert, so sollte man ihm also wahrlich keinen Vorwurf machen: Zu solcher Akrobatik ist der Mensch eigentlich nicht geschaffen. Und dabei hat selbst der scheiternde Festredner, der Langweiler und Einspeichler, immer noch zwei nützliche Funktionen: Er hilft die kaum erträgliche Peinlichkeit eines *stummen* Festaktes vermeiden, und er trägt seinen Teil dazu bei, dass die Welt zusammenhält. Das klingt wie Aberwitz, doch es ist wahr, und mit einem Abstecher nach Tibet und in die Südsee lässt es sich auch anschaulich machen.

Was geschieht denn nach lamaistischem Glauben, wenn tibetische Mönche ihre Gebetsmühle drehen? Die segenspendende Kraft der Formel «Om mani padme hum» soll dadurch zum Heil der Menschheit vervielfacht werden. Wer also während einer Festansprache immer nur «Om mani padme hum» verstünde, hätte gegen die Rede keinen ernstlichen Einwand erhoben.

Auf der Südseeinsel Dobu hatte der Gebetsfleiss seinen Weltrekord erreicht: Das Leben der Insulaner war ausgefüllt vom Murmeln magischer Sprüche. Nicht einmal die Früchte auf dem Feld konnten wachsen, wenn nicht Tag und Nacht ein Mitglied der Familie am Rand des Feldes betete; und wer das Gegenteil ausprobieren wollte, der hätte erlebt, dass der Medizinmann kam, um die Früchte eigenhändig auszureissen – womit dann bewiesen gewesen wäre, dass Früchte ohne Gebete nicht gedeihen.

Ist es so viel anders, was da Tag für Tag in den Parlamenten zu Bern, Bonn, Strassburg geschieht oder in der Vollversammlung der Vereinten Nationen oder sonntags landauf, landab in allen Hochburgen der Zivilisation? Kommt es denn wirklich darauf an, ob sie geistvoll sind oder gar etwas bewirken, diese immer gleichen Reden über die immer selben Sachen, deren Protokolle langsam die Gewölbe sprengen? Ist nicht vielmehr der Mensch jener plappernde Primat, der von dem Gefühl durchdrungen ist, er habe den Weltlauf mit Wörtern nachzuzeichnen, und ein unbeschwatztes Leben wäre der Tod? Sollte der alte Satz «Ich denke, also bin ich» nicht durch die Formel «Ich spreche, also bin ich» ersetzt werden, zumal da man sich des Sprechens sicher sein kann, des Denkens aber nicht?

Selbst einem schlechten Festredner sollten wir dankbar sein: Er trägt dazu bei, den erdumspannenden Redestrom zu speisen, der uns erst zu Menschen macht. Und noch dazu bemüht er sich redlich, unsere Seele zu erheben, bevor die Bäuche auf ihre

Kosten kommen: Man isst ja mit besserem Gewissen, wenn man zuvor die Leistung erbracht hat, einer ungeliebten Rede zu lauschen; ein Ablauf, den das «Fest der vier Nationen» 1991 in Lausanne genial beschleunigte, indem es zum Thema der Festreden die kulturelle Bedeutung der Kochkunst nahm.

Und nun gar die *gute* Festansprache! Wieviel unendlich Wahres wird da ausgesprochen, einfach weil es einmal gesagt werden musste. Lasst uns ein Europa des Herzens bauen! Lasst uns die Chancen der systemöffnenden Zusammenarbeit kraftvoll nutzen! Lasst uns die Vielfalt nicht als Zustand unverbindlichen Wohlwollens verstehen, sondern sie durch Taten verwirklichen! Die überdauernden Werte! Die selbstlose Hingabe an das grosse Ziel! Vor der «Europäischen Evangelischen Versammlung zur interkonfessionellen Gesprächsführung» im letzten März (einer überaus festlichen Veranstaltung, wie man leicht heraushören kann) schoss der österreichische Delegierte den Vogel ab mit dem königlichen Satz: «Der Dialog darf nicht aufhören, weil wir sonst die Geborgenheit der Handlungsverhinderung verlieren.»

Wer solche Reden nicht genösse, der hätte Unrecht getan – dem Redner wie auch dem Autor dieser Zeilen in seinem hohen Respekt.

Drei Wüte über zahllose Aktivitäten

So, wie ein einziges Furunkel dem kundigen Arzt den Zustand des ganzen Körpers, der es hat, entschlüsselt – so gibt es Modewörter, die grell und giftig den Zustand der Sprache beleuchten, die wir sprechen und schreiben.

Modewörter, selbst wenn sie einmal gut waren, haben immer drei Nachteile. In ihrer unerbittlichen Häufung gehen sie, zum ersten, sprachempfindlichen Gemütern auf die Nerven (wer tausendmal statt «ja» *genau* vernommen hat, wäre für ein schlichtes Ja recht dankbar). Zum zweiten veröden sie eine ganze Sprachlandschaft um sich herum, sie drängen Dutzende schöner Wörter und feiner Unterscheidungen in die Vergessenheit.

Wo man heute beispielsweise «Aktivitäten» liest, las man früher von Taten, Handlungen, Aktionen, Wirken, Arbeit, Aufgabe, Rührigkeit, Engagement, Pflicht oder Leistung. Aus dem Amerika-Geschäft einer Firma sind längst ihre US-Aktivitäten geworden, und ein Manager, der früher einfach keine Zeit hatte, zieht es heute vor zu sagen, dass seine Aktivitäten ihm keinen Spielraum liessen.

Zum dritten schliesslich macht ein typisches Modewort sich gern auch dort breit, wo man früher geschwiegen hätte und noch heute schweigen sollte.

Wenn ein Unternehmen seine Marketing-Aktivitäten rühmt, dann tut es so, als ob «Marketing» *keine* Tätigkeit wäre; es ist aber in sich schon die Summe aller Aktionen, die ein Produkt in den Markt drükken. Noch aktiver als durch Marketing kann man überhaupt nicht sein. Die regierenden Modewörter unterwerfen ihre trendbewussten Benutzer eben der Zwangsvorstellung, dass man sie oft genug in alle Texte einstreuen müsse, ob sie passen oder nicht. Wer eine Seite ohne «Aktivitäten» abliefert, scheint zu fürchten, man könnte ihn für faul oder gar für altmodisch halten.

So lauten die drei Einwände gegen Modewörter, die einmal gut waren. Viel ärgerlicher sind natürlich solche, die schlecht oder falsch sind vom ersten Tag an. Die Amerikaner lieben also die *activities*. Gutes Englisch sind sie nicht, weder Shakespeare noch Hemingway haben sie verwendet; doch praktisch sind sie: *social activities*, das klingt anspruchsvoll, ohne den Sprecher festzulegen auf eine bestimmte soziale Tat – wohlfeiles Geschwätz also.

Dieselbe Eigenschaft hat das Wort im Deutschen beliebt gemacht; bei uns hat es noch einen Vorzug mehr: Es ist ein Import aus Amerika (über Anglizismen im allgemeinen an anderer Stelle). Leider haben wir dabei die *activities* nicht übersetzt, wie es sich gehören würde, also sie dem Deutschen anverwandelt – sondern sklavisch nachgeahmt haben wir sie, auf einem Niveau, als ob wir das *oval office* im Weissen Haus als Ovaloffizium wiedergeben würden oder die *outdoor activities* nicht als Spiel und Sport im Freien, sondern als Aussentüraktivitäten.

Auf deutsch ist es nämlich schlicht falsch, von Aktivität einen Plural zu bilden. Auch Passivitäten kennen wir ja nicht, so wenig wie Fleisse oder Zörne. Die Aktivität ist erstens die Summe aller Aktionen, zweitens das aktive Verhalten, die Tatkraft, die Geschäftigkeit. «Uno-Aktivität zur Lösung der Südafrika-Krise», das wäre eine saubere Überschrift gewesen; die NZZ zog es indessen vor, von Uno-Aktivitäten zu berichten.

Warum dieser Plural, der logisch falsch und sprachlich töricht ist? Er macht den dritten Reiz des Modewortes aus, neben dem Unpräzisen und dem Amerikanischen: Plural ist akademische Mode, vermutlich weil er zum einen die Silbenzahl vermehrt und zum andern den Eindruck einer abdeckenden Ausdrucksweise vermittelt, eines sprachlichen Zugriffs auch auf die letzte Einzelheit. Niemand möchte mehr ein blosses Problem haben, wenn er sich mit Problemkreisen oder Problematiken schmücken kann, gegen die sich Problemlösungsaktivitäten ins Feld führen lassen.

Längst greift der Missbrauch auf andere Wörter über, die den Plural nicht zulassen: Man liest von Sensibilitäten, Parallelitäten und Symptomatiken (obwohl doch die Symptomatik eben die Summe aller Symptome ist), und ein zeitgemässes soziologisches Werk heisst tatsächlich «Entwicklungsstrukturen von Verhaltensstandarden».

So spricht für die Aktivitäten: Sie sind unpräzise, also praktisch; zugleich klingen sie gründlich, also akademisch; sie sind amerikanisch, also chic; sie haben unnötig viele Silben, und Geschwätzigkeit ist ein Volksvergnügen; sie wirken bombastisch, sie sind modern. Dass sie obendrein noch Unfüge sonder Zahlen stiften – wer wollte bei solchen Vorzügen darüber seine Spötte ausgiessen?

Wer «Aktivitäten» verwendet, teilt seinen Lesern oder Hörern nur leider mit, dass er es mit der Zeitmode hält, sich beim Sprechen selber nicht mehr zuzuhören; denn sonst verböge sich ihm das Trommelfell. Wer sich aber selber nicht zuhören möchte – wie kann der fordern, dass andere ihm lauschen, falls er Journalist oder Schriftsteller, Lehrer oder Werbetexter ist? Lauschen wir Johann Peter Hebel! Gewiss hätte er gern von «unverhofften Wiedersehensaktivitäten» berichtet. Aber er konnte das Wort nicht kennen. Unsere Mitleide sind mit ihm.

«Andrew» heisst mein Wirbelsturm ...

Und «auch Familienhund Milli» erschien zu dem Empfang, der dem Staatsgast im Weissen Haus gegeben wurde, der deutschen «Tagesschau» zufolge. Es ist noch nicht lange her, da waren Stürme namenlos und Hundenamen nicht nachrichtenwürdig. Was ist hier geschehen?

Die Kosenamen von Haustieren ihren Lesern routinemässig mitzuteilen, das ist eine Erfindung der Boulevardzeitungen: Wenn sie das Muster der Krawatte und den Namen des Hundes drucken, so erwecken sie den Anschein von Genauigkeit, der den Leser in dem Glauben wiegen soll, er könne auch den Hauptsachen vertrauen. Ausserdem verbreiten sie damit eine Atmosphäre des Dabeigewesenseins, sie holen den Staatsgast in die Wohnküche und bieten Milli den dort Hockenden zum Streicheln an. (Das ist der Zwangshandlung verwandt, zu der Walt Disney Millionen Grossmütter im gesamten Abendland getrieben hat: «Bambi!» rufen sie, sobald ein Reh über die Bildschirme hüpft.)

Wirbelstürme, ja seit einigen Jahren sogar Hoch- und Tiefdruckgebiete mit menschlichen Vornamen zu versehen, war zunächst ein Sprachwitz, den sich die Meteorologen leisteten – zur leichteren internationalen Verständigung, wie sie sagten, aber natürlich mit einem Schuss Mutwillen: Denn wenn schon Autokäufer einen 600 SLI spielend von einem 400 CLX-24 unterscheiden können, so wäre natürlich eine Numerierung der Wetter-Erscheinungen zumutbar und noch weit praktischer gewesen. Aber sie wollten sich einen Spass machen, die Meteorologen – warum nicht.

Sobald sie nun im Fernsehen auftraten oder ihre Sprachsitten an Journalisten weitergaben, war es geschehen: «Justus lässt die Deutschen schwitzen» und «Andrew fetzt übers Ferienparadies»; natürlich sammelt er auch «neue Kraft» und «verwüstet Versicherungsbilanzen». So ein Kerl ist er, der Andrew. Auch Menschen hat er umgebracht.

Daraus ergeben sich eine nachdenkliche Beobachtung und eine Frage. *Heissen* eigentlich Wirbelstürme? Was heisst das, «heissen»? *Heisst* ein Auto «Bimbo», wenn sein Eigentümer diesen Namen auf die Heckscheibe gepinselt hat – oder ist er einfach ein Narr, der die Leute mit einer privaten Albernheit behelligt? Die nachdenkliche Beobachtung aber ist, dass wir uns mit «Andrew» zu den Anfängen der Sprache zurückbegeben: zur Personifizierung.

Das Echo war ja im griechischen Mythos keine Sache, sondern eine Nymphe, die Echo, die sich mit den Menschen einen Schabernack erlaubte, und im germanischen Mythos entstand der Donner durch die Hammerschläge des Gottes Donar oder Thor. So hat sich der primitive Mensch einst alle Naturerscheinungen erklärt, und kleine Kinder sind dafür noch heute leicht zu haben, ja sie setzen von sich aus Gnome in die Welt: eine Person an die Stelle eines Rätsels.

Auf dieses Entwicklungsstadium also fallen wir zurück, wenn wir zum Wirbelsturm «Hallo, Andrew!» sagen. Natürlich, wir wissen, dass da kein Dämon bläst; doch indem wir so tun, als müsse eine Katastrophe einen menschlichen Namen tragen, haben wir den Hurrikan ein bisschen enträtselt und entdämonisiert. Er passt nun besser in die Küche, zu Bambi dem Reh und Milli dem Hund.

Nur: *Heisst* er «Andrew»? Das lässt sich bestreiten. Wörter zu erfinden, Namen zu verleihen, das ruft ja noch nicht Sprache ins Leben; *heissen* tut ein Ding erst dann, wenn die Sprachgemeinschaft einen Vorschlag angenommen hat. Auch Finger und Zehen «heissen» nicht, obwohl man von gutmütigen Irren hört, die sich zwanzig Namen für sie haben einfallen lassen.

Die Namen der Wirbelstürme scheinen sich im kritischen Stadium zu befinden: Nach den Meteorologen und den Journalisten soll es schon die ersten Mitbürger ausserhalb dieser beiden Berufsgruppen geben, die den Hurrikan mit Namen anreden, ihm also gleichsam auf die Schulter klopfen. Wäre es so, dann «hiesse» er. Dann wäre die Welt um eine Kinderei bereichert. Desto leichter könnte die Zeitung ihn auch einen «Mörder» schelten (welche Wohltat bei der Suche nach der Überschrift).

Für ein paar Feinfühlige bliebe in diesem Fall nur noch, sich dem Wirbelsturm gegenüber so zu verhalten wie Hans Castorp im «Zauberberg» gegen die schöne Russin, die Thomas Mann, beziehungsreich genug, Clawdia Chauchat getauft hat: Castorp sprach den Namen mehrmals nach, indem er «zu Frau Chauchat hinüberblickte und ihn ihr gewissermassen anprobierte».

Wollten wir, auf vergleichbarem Niveau, den Hurrikanen Namen anprobieren – würde dann ausgerechnet «Andrew» herauskommen? Der Name ist armselig und beziehungslos. *Winfried* hat nichts mit Wind zu tun und wäre überdies zu freundlich. *Hotzenköcherle*, das ist ein guter schweizerischer Name und ergäbe einen absolut unverwechselbaren Wirbelsturm. *Schionatulander* aus dem «Parzival» vielleicht eher für ein Hochdruckgebiet. *Uitznauatlailotlac* hiess ein aztekischer Fürst, das ist nicht gelogen – ideal für Dauerregen. Schliesslich die Delegation, die James Joyce im «Ulysses» zusammengestellt hat: *Don Pecadillo y Palabras y Paternoster de la Malora de la Malaria*, den hört man wahrlich die Karibik heimsuchen, und (so im englischen Original!) den *Herrn Hurhausdirektorpräsident Hans Chuechli-Steuerli*. Wieviel Charakter ist darin, mit Andrew und Milli verglichen! Weniger haben etwas so Kraftvolles wie Hunde und Hurrikane nicht verdient.

Vom Eindampfen und Überfliessen

«Kürze soll eine Tugend sein!» liess Theodor Fontane 1899 (im «Stechlin») den alten Dubslav seufzen, der die neumodischen Telegramme nicht mochte. «Sich kurz fassen, heisst meistens auch, sich grob fassen. Jede Spur von Verbindlichkeit fällt fort ... Jeder, der wieder eine neue Fünf-Pfennig-Ersparnis herausdoktert, ist ein Genie.»

Oft, in der Tat, ist das Kurze zugleich das Schroffe, auch im Befehl. Aber Kürze kann durchaus höflich sein: indem sie uns nicht ermüdet wie die Geschwätzigkeit. Und Kürze kann das Abzeichen von Sprachkunstwerken höchsten Ranges sein: in der Bibel, in der Lyrik. Welche Länge also sollte etwas Geschriebenes idealerweise haben im Verhältnis zu der Substanz, die es mitzuteilen wünscht?

Das Stichwort für die Grenze zwischen kurz und lang heisst Redundanz. In allen romanischen Sprachen und im Englischen bezeichnet sie den Überfluss, in der Stilistik die Weitschweifigkeit, in der Informationstheorie alles schmückende Beiwerk über den nackten Informationsgehalt hinaus. Doch gänzlich frei von Redundanz sind nur Telegramme und Telefonbücher – was erhellt, warum der aufs äusserste eingedampfte Text keine gefällige oder auch nur zumutbare Lektüre ergibt. Redundanz ist also nicht überflüssig, das Fachwort unnütz und verwirrend, wenn es nicht mit erläuterndem Beiwerk versehen wird. Die Grenze verläuft nicht zwischen Redundanz und Kürze, sondern zwischen solchen Ausschmückungen und Beispielen, die erstrebenswert, und solchen, die entbehrlich sind.

Freilich, was heisst «entbehrlich»! Aus wenig mehr als Nichts eine Festansprache zu zimmern, ist für manche Anlässe zwingend. Das affirmative Geschwätz, das Bekräftigen des allen längst Bekannten – nach dem Muster «Mein Gott, diese Hitze!» – hat den Nutzen, uns durch die gestöhnten Worte eine Entlastung zu verschaffen. Und selbst der Sprecher oder Schreiber, der uns mit seinem Wortschwall auf die Nerven geht, macht offenbar wenigstens sich selbst ein Vergnügen, denn sonst schwiege er.

Die Frage der Entbehrlichkeit bedarf also anderer Massstäbe. Sie sind verschieden, je nachdem, ob wir Literatur bewerten und junge Menschen für Saft und Kraft der Sprache empfänglich machen – oder ob wir wirken und belehren wollen.

Belehren, Wissen vermitteln, mit Neuartigem vertraut machen, ob in der Schule oder in der Gebrauchsanweisung: Das gelingt nur mit reichlich Redundanz, mit Beispielen und mit zweiten Anläufen nach dem Muster «Das bedeutet also . . .». Sparsamkeit mit Worten, dem Grundsatz nach eine goldene Stilregel, sollte man durch einen kontrollierten Überfluss ersetzen, wann immer eine Mitteilung reich an Fakten, kompliziert, unerwartet, gegen die Lebenserfahrung der Leser oder Zuhörer ist.

Wirken, das Verhalten der Mitmenschen durch Worte beeinflussen: Das gelingt nur durch Häufung und durch Wiederholung. Wir kennen es aus den Werbespots, alle Demagogen haben es betrieben, viermal lässt Shakespeare den Antonius sagen «Und Brutus ist ein ehrenwerter Mann» (bis auch der letzte ihn für einen Schurken hält); und in der Bibel, meist durch gedrängte Sprache ausgezeichnet, häuft Moses 53 Verse lang die Schreckensbilder, mit denen er sein Volk zwingen will, dem Herrn zu gehorchen – denn sonst werde er Israel die Pestilenz anhängen, es mit Feigwarzen, Grind und Krätze schlagen, mit Wahnsinn, Blindheit und allen Seuchen Ägyptens, und ein Scheusal werde es unter den Völkern sein (5. Mose 28).

Nur: Dieser Katarakt von Verwünschungen enthält nicht ein leeres und blasses Wort – kein «Sowohl als auch», kein «Wenn wir nun unsere Aufmerksamkeit auf die Krätze richten» oder «Ich möchte euch für die möglichen Folgen solchen Verhaltens beizeiten sensibilisieren». Und genau da verläuft die Grenze: nicht zwischen Länge und Kürze, nicht zwischen Entbehrlichkeit und Notwendigkeit, sondern zwischen Leere und Fülle. Jedes Wort muss Kraft haben und Sinn tragen; dann genügt es – in möglicher Kürze – den Massstäben der Literatur; dann kann es – in passender Länge – wirken und belehren; dann erspart es uns das Gähnen und den Überdruss.

«Nackte wie bemooste Felsen mit Schnee bedeckt, ruckweiser Sturmwind, Wolken heran- und vorbeiführend, Geräusch der Wasserfälle, das Klingeln der Saumrosse in der höchsten Öde»: So hat Goethe 1775 das letzte Stück Wegs zum Gotthard beschrieben. Drei Auskünfte über die Felsen, zwei über die Wolken, zwei über die Geräusche und eine über den Wind: Das ist mehr, als die Wissenschaft als redundanzfreie Information durchgehen liesse, und auch die Öde am Schluss ist noch entbehrlich – denn wer hätte nicht längst geahnt, dass er sich in ihr befindet? Doch die Wörter sind prall, sparsam gesetzt, wiederum nicht geizig und schon gar nicht auf den Telefonbuchstil zurückgeschnitten – ja, so schreibt man.

Wie man selbst das Telegramm noch auf Null verkürzen könnte, hat der Levi demonstriert. Als nämlich der Cohn, sein Schwiegersohn, ihm telegrafiert «Rebecca glücklich entbunden Sohn», setzt er sich zornig hin und schreibt: «Rebecca? Kann ich mir denken, wo se is meine einzige Tochter. Glücklich? Klar, wenn se hat einen Sohn. Entbunden? Auch klar, woher sonst soll se haben den Sohn! Und Sohn? Wieder klar! Wärste auf de Post gerannt für eine Tochter? Also, schmeiss nicht immer Geld weg für zu lange Telegramme!»

Listige Worte in der Neujahrsnacht

Einmal im Jahr häufen sich die guten Wünsche für die Feiertage und die guten Vorsätze fürs neue Jahr. Voll der Güte werden unsere Worte sein – und wieder einmal viel gütiger als das rauhe Leben. Das legt die Frage nahe: Wie überhaupt verhalten sich die Worte zur Wirklichkeit? Beschreibt die Sprache die Realität, nimmt sie sie vorweg, tritt sie an ihre Stelle? Im Verhältnis zwischen den Worten und der wahren Welt lassen sich fünf Grundmodelle unterscheiden.

1. Wir lieben es, *das, was ist, auch noch zu sagen*. Wenn alles vor Kälte klappert oder vor Hitze stöhnt, versichern wir einander millionenfach und bedeutungsschwer, wie kalt oder wie heiss es wieder einmal sei – eine der häufigsten Arten, Sprache zu verwenden.

2. Seltener betreiben, aber noch mehr lieben wir das Umgekehrte: *das, was nicht ist, wenigstens zu sagen.* Die Tischreden zur Silberhochzeit sind von dieser Art: Kein Gast würde einen Franken darauf wetten, dass die Ehe wirklich so verlief, wie sie hier dargestellt wird; doch die Reden wollen gehalten sein, und die mutmassliche Diskrepanz zwischen der Wirklichkeit und den Worten stört uns nicht. Wie schrieb Shaw im Nachwort zu seinem Brief-

wechsel mit der Schauspielerin Ellen Terry? «Wer sich darüber beklagt, dass alles nur auf dem Papier stattfand, der halte sich vor Augen, dass die Menschheit es bisher nur auf dem Papier zu Ruhm, Schönheit, Wahrheit, Weisheit, Tugend und ewiger Liebe gebracht hat.»

3. Wir lieben es, *über das, was wir tun, etwas möglichst Angenehmes zu sagen.* Es ist ja den meisten nicht gegeben, ihre wahren Motive zu ergründen; wer sie aber kennt, der hält es im allgemeinen nicht für dringend, sie unter die Leute zu streuen. Wenn Politiker, Wirtschaftsführer, Ärzte uns versichern, sie verzehrten sich im Dienst an Wählern, Kunden und Patienten, so dürfen wir davon ausgehen, dass sie uns weder frontal belügen noch mit der vollen Wahrheit bedienen; sie sagen einfach etwas Angenehmes in lockerer Anlehnung an die Wirklichkeit. Die Werbung findet hier ihr Tummelfeld: «Umweltschonend» nennt sie Produkte, die die Umwelt zumeist viel besser schonen würden, wenn ihre Herstellung unterbliebe.

4. Wir finden es normal, sehr oft *das, was wir tun, nicht zu sagen.* Und das muss keine Verstellung sein, es ist vielmehr häufig ein Beitrag zu den guten Sitten. Kein Pfarrer kann sein Kind so sittsam zeugen, dass nicht Pornographie daraus würde, wenn man den Zeugungsakt beschriebe. «Wir haben die Damen gelehrt zu erröten», schrieb Montaigne, «wenn sie dasjenige bloss nennen hören, was sie sich nicht

scheuen zu tun.» Und Goethe notierte 1797 in der Schweiz: «Betrachtung, dass der Mensch *die Rede* eigentlich für die höchste Handlung hält, so wie man vieles tun darf, was man nicht sagen soll.»

5. Schliesslich lieben wir es, *das, was wir sagen, nicht zu tun* – womit wir wieder bei Silvester wären. Robert Musil hat dieses klassische Verhältnis zwischen Wort und Wirklichkeit in der Überschrift zu einem nachgelassenen Kapitel seines «Mannes ohne Eigenschaften» auf die Formel gebracht: «Warum die Menschen nicht gut, schön und wahrhaftig *sind*, sondern es lieber sein wollen.» Ihre Feiertagsgedanken drückten sie eben deshalb aus, um dadurch des Handelns enthoben zu sein – wie der Raucher, der sich die Jahreswende mit dem Versprechen verschönt, nun wirklich aufzuhören.

Ihm liefert Jeremias Gotthelf das perfekte Modell mit dem Wortritual zwischen zwei Berner Bäuerinnen. Da besucht eine ihre Nachbarin, und vor der Haustür einigen sie sich, «sie könnten ja drinnen einander sagen, was der Brauch sei», und was war der Brauch? Das angebotene Frühstück abzulehnen, denn das möge doch keiner glauben, «dass sie ungegessen aus dem Haus ginge». Wenn schon Kaffee, dann wenigstens keinen Zucker hinein, «und da warf ihr doch die Frau den Zucker in denselben». Warum die Nachbarin keine Küchli wolle – sie glaube wohl, die seien nicht fett genug? «Und nun erhob sich ein eigentlicher Streit»: Die Besucherin dreht die Tasse um – der Kaffee schmeckte ihr wohl nicht? Unter solchem Zeremoniell mästen sich die Weiber an einem Frühstück, «wie es Fürsten selten haben und keine Bauren auf der Welt als die Berner».

War so nicht am Ende auch die Millionenauflage von Günther Wallraffs Buch «Ganz unten» zu erklären, der traurigen Ballade vom türkischen Gastarbeiter? Lesen wollten das viele Deutsche, gut sein durch Lektüre wollten sie; und das Handeln ersparten sich die meisten von ihnen desto leichter. «*Sein* ist schwieriger und wird deshalb gern durch Worte ersetzt», sagt C. G. Jung.

So aber verhält es sich nicht, dass aus den schönen Worten überhaupt nichts folgte. Oft genug wiederholt, kann das Aussprechen einer guten Absicht durchaus eine gewisse Wirkung nach sich ziehen. Schon Ovid hat diesen psychologischen Mechanismus in seiner «Liebeskunst» beschrieben: «Rede dir ein, dass du liebst, wo du flüchtig begehrtest. Glaube es dann selbst . . . Aufrichtig liebt, wem's gelang, sich selbst in Feuer zu reden.» In André Gides «Schule der Frauen» sagt ein Abbé: Die Hauptsache sei «nicht so sehr, zu sagen, was man denkt (denn oft denkt man sehr übel), sondern was man denken sollte; denn ganz natürlich, fast wider Willen, komme man dahin, zu denken, was man gesagt hat.»

Nun müsste man nur noch wissen, ob Gide oder Ovid dies ironisch gemeint haben. Aber wer wird schon so bohrend fragen.

Der vierstöckige Hausbesitzer

Wolf Biermann warf 1991 seinen ostdeutschen Landsleuten ein «breitärschiges Selbstmitleid» vor, und dafür sollten wir ihn loben: nicht um der leicht vulgären Wortwahl willen und schon gar nicht, um ihm in der Sache recht zu geben – sondern weil er sich ein unverbrauchtes, kraftvolles, böses Adjektiv zusammengesetzt hat, und das ist eine Rarität. Die meisten Eigenschaftswörter, die wir uns anhören müssen oder selbst verwenden, sind überflüssig, ausgewaschen, anmassend oder falsch.

«Grosse Waldbrände wüten in Frankreich», heisst die Zeitungsüberschrift – natürlich, kleine Brände wüten nicht. «Einen wunderschönen guten Morgen» wünschen einander viele Menschen, die Güte des Morgens allein täte es nicht. Für die Alltagsrede mag das angehen, in der Zeitung ist es schon bedenklicher; wer aber auf Stil Wert legt, der sollte drei von vier Adjektiven streichen, die ihm aus der Feder geflossen sind.

Die Warnung ist uralt. Vor fast zweitausend Jahren verglich der römische Rhetor Quintilian einen Text voller Adjektive mit einem Heer, in dem hinter jedem Soldaten ein Kammerdiener hergeht; die Kammerdiener – das sind die Adjektive. Vor hundert Jahren hängte der Zeitungsverleger und spätere französische Ministerpräsident Georges Clemenceau in seinen Redaktionen das Schild auf: «Bevor Sie ein Adjektiv hinschreiben, kommen Sie zu mir in den dritten Stock und fragen, ob es nötig ist.»

Dabei haben Romanen ebenso wie Engländer ein viel innigeres Verhältnis zum Adjektiv als wir: *polizia stradale, centre sportif* und *lucky star* heissen auf deutsch Glücksstern, Sportzentrum und keinesfalls «strassliche Polizei». Wir hätten also allen Grund, die Warnung doppelt zu beherzigen. «Psychisch und physisch krank» – das ist Augenwirrwarr, Zungenbrecher und schlechtes Deutsch in einem; «krank an Leib und Seele», das wäre es!

Warum nun sind die Adjektive so beliebt, wenn sie doch allen Stillehrern als schlecht gelten? Und warum werden sie getadelt, wenn sie doch so beliebt sind? Und gibt es nicht auch Eigenschaftswörter, die wir würdigen sollten? Beliebt sind sie, weil sie einen Text mit geringem Aufwand schmücken, wie Rauschgoldengel einen Weihnachtsbaum. Prächtig, riesig, irre, affengeil: Danach wird gern gegriffen, je nach Lebensalter, das befriedigt das verbreitete Bedürfnis nach Geschwätz und nach dem Anschein von Bedeutung.

Im bürokratisch-akademisch-werblichen Umfeld erleben die Adjektive seit Jahrzehnten einen zusätzlichen Boom. Wer früher Reklame machte, rühmt sich heute seiner werblichen Aktivitäten; wer einst Probleme in der Schule sah, erkennt sie heute im schulischen Bereich; und wer in einer Doktorarbeit den Begriff «Dialektgebrauch» verwendete, hätte sich an der akademischen Mode versündigt, die den dialektalen Sprachgebrauch verlangt.

Manches Eigenschaftswort putzt ja wirklich ungemein: Ein Billigblatt lässt sich viel leichter als «Zeitschrift im niedrigpreisigen Segment» verkaufen; ein Student, der über die Kriegsliebe absolutistischer Fürstenhäuser schrieb, adelte sich zum Wissenschaftler, indem er die Vorliebe in den Rang einer bellizistischen Disposition erhob; und ein Soziologe, der im «Spiegel» vor einem Waffengang dicht unterhalb des Holocaust warnte, sprach statt dessen vom subholozidalen militärischen Vernichtungspotential. Der Mann wird es weit bringen.

Falsch schliesslich sind Zeitungsüberschriften wie «Irische Annahme des Maastrichter Abkommens» in der NZZ, denn die Annahme durch Irland ist ein Vorgang, nicht aber «irisch» eine Eigenschaft der Annahme. Und falsch sind die beliebten Floskeln nach Art von «sinkende Preistendenzen» – denn eine Tendenz zu sinkenden Preisen ist so wenig eine sinkende Preistendenz, wie wir von einem wollenen Strumpffabrikanten, einem geräucherten Schinkenhändler oder einem warmen Würstchenverkäufer sprechen.

Und das gute, das treffende, das notwendige Adjektiv? Es ist entweder ein Mittel nüchterner Unterscheidung («Das gelbe Kleid, nicht das grüne!»), oder es möge witzig, saftig, verblüffend sein. «Auf dem Antlitz Seelenruhe, an den Füssen *milde* Schuhe», wie Wilhelm Busch die Hebamme beschreibt – diese Zusammenstellung hatte man nie zuvor gelesen, und sie trifft. Goethe warf den Byzantinern vor, nie hätten sie sich «aus dem Kummer ihrer *ausgetrockneten* Pinselei» hervorheben können. Lichtenberg wusste den Genuss eines guten *elastischen* Dorfmädchens zu schätzen und schrieb über einen Zeitgenossen, er habe eine so *frachtbriefmässige* Art, sich auszudrücken, dass es kein lebender Mensch bei ihm aushalten könnte. Ein Kritiker der «Frankfurter Allgemeinen» verspottete einen Schriftsteller als unerschrockenen Stilisten; das Streiflicht der «Süddeutschen Zeitung» schwärmte vom «*todestrunkenen* Zahnfleisch des grossen Placido Domingo».

Wer solche Blumen nicht zum Blühen bringen kann, der versucht am besten, ohne Adjektive auszukommen, sobald er das Umfeld der nüchternen Information («das gelbe Kleid») verlässt. Das meiste, was der Schreiber in die Adjektive legt, ahnt der Leser ohnehin. «Am Brunnen vor dem Tore ...» Am ausgetretenen, erinnerungsgesättigten, vor dem weinlaubumrankten, wenn auch halb verfallenen? Da stünde also ein uralter, ein knorriger, wunderschöner, kühlen Schatten spendender? Ach was: «... ein Lindenbaum.»

Nachvollzieher vor Gericht

Ist es nicht vernünftig und angenehm, dass die Franzosen *viande* und *chair* unterscheiden können, die Engländer *meat* und *flesh*, während wir das Kalbfleisch in denselben Topf mit dem Zahnfleisch werfen? Sollten wir nicht umgekehrt das Deutsche dafür loben, dass es für die Haut des Mädchens ein anderes Wort anbietet als für das Fell des Bären, wo die Franzosen sich die Grobheit leisten, zu beidem *peau* zu sagen? Unterschiede zu erkennen und zu benennen, den Wortvorrat immer weiter zu verfeinern – das ist eine der grossen Leistungen der Sprache; vorgeprägte Abstufungen einzuebnen aus Unkenntnis oder Gleichgültigkeit – das führt in die geistige Armut zurück, der wir einst entsprungen sind. Vier Beispiele für solchen Rückschritt.

Von der «scheinbaren Bewegung der Himmelskörper» berichtete Kopernikus: Für ihn standen sie ja still, und nur die Erde bewegte sich. *Scheinbar* heisst also: einem Schein nach, von dem wir wissen, dass er falsch ist; *anscheinend* dagegen heisst: einem Anschein nach, dem wir glauben können. «Er will das Haus anscheinend kaufen»: Die Indizien sprechen dafür. «Er ging nur scheinbar auf das Angebot ein.»: Ich weiss schon, dass er es nicht kaufen will, er gaukelt mir was vor.

Den falschen Schein gegen den glaubhaften Anschein sprachlich abzugrenzen, fiel den meisten schon immer schwer, aber diese Mehrheit wächst. Noch trauriger, wenn der Sprachgebrauch eine Differenzierung niederwalzt, die vor zwanzig Jahren der Mehrheit keine Mühe machte. So geschehen bei glauben und wähnen, vermutlich und vermeintlich, nachempfinden und nachvollziehen.

Viele Zeitungen und die meisten jungen Leute benutzen *wähnen* als ein Synonym für *glauben*: «Er wähnte den Sieg nahe» im Sinne von: Er glaubte, den Sieg in der Tasche zu haben, und die Hoffnung trog ihn nicht. *Wähnen* kommt jedoch von *Wahn* und heisst daher: fälschlich glauben, sich einer Wahnvorstellung hingeben.

Wer es wie *glauben* oder *vermuten* verwendet, gibt nicht weniger als vier negative Auskünfte über sich und unsere Sprachkultur: Er plappert, ohne sich zuzuhören, denn sonst würde er im Wähnen den Wahn entdecken. Er verwischt eine klare Unterscheidung. Denen, die noch differenzieren können, gibt er das Rätsel auf, ob er *glauben* oder *fälschlich glauben* meint, wenn er *wähnen* sagt. Und schliesslich tötet er ein Wort voll Saft und Kraft, das in nur zwei Silben ein ganzes Drama entrollt: Sie glaubten, und dabei wissen wir doch, dass dies ein Wahn war – «die Passagiere der Titanic wähnten sich in Sicherheit».

Vermeintlich hat ein ähnliches Schicksal erlitten:

Mehr und mehr wird es als Synonym für *vermutlich* oder *mutmasslich* verwendet. Der mutmassliche Täter ist aber der, der es wahrscheinlich getan hat; der vermeintliche dagegen einer, von dem wir wissen, dass er es nicht getan hat – einer, von dem man fälschlicherweise meinte, er sei es. Der Hochstapler, der sich als Baron ausgab, war ein vermeintlicher Baron.

Nachvollziehen ist ein regierendes Modewort von penetranter Häufigkeit, mit dem weiteren Nachteil behaftet, dass es den klaren Unterschied zwischen dem Tun und dem blossen Empfinden verwischt. Wie die Rechtsradikalen die Asylbewerber attackieren, das könne er «nicht nachvollziehen», sagte ein deutscher Politiker – und wer noch Deutsch könnte, der müsste ihm zurufen: «Um Gotteswillen, nein! Das hat auch keiner von Ihnen erwartet.» Vollziehen heisst ja ausführen, verwirklichen, in die Tat umsetzen; der Gerichtsvollzieher macht das ebenso anschaulich wie der Strafvollzug. Nachvollziehen kann also nichts anderes heissen als: nachmachen, noch einmal verwirklichen; der Schüler zum Beispiel vollzieht die Bauchwelle nach, die der Turnlehrer ihm vorgemacht hat.

Nun registriert schon das sechsbändige Duden-Wörterbuch von 1978 *nachvollziehen* im Sinne von: sich in jemandes Vorstellungen hineinversetzen. Aber der Duden versteht seine Funktion neuerdings überwiegend so, dass er den Sprachgebrauch, den er einst zu normieren versuchte, nur noch registriert, mit der «Bildzeitung» als einer seiner Quellen; er hat sich also streckenweise zum Fahnenträger des Sprachverfalls gemacht.

Natürlich, nicht jede Entwicklung ist ein Verfall, und wenn mit dem «Nachvollziehen» eine Wortlücke geschlossen oder eine schöne Metapher geboren worden wäre, sollten wir das bejahen. Nur kann von beidem nicht die Rede sein. Als Sprachbild ist es so schief wie möglich, das Verwirklichen mit dem blossen Verstehen gleichzusetzen; und hätte es uns vorher an Worten für das Gemeinte gemangelt? Früher haben wir anderer Leute Entscheidungen verstanden, begriffen, kapiert, gebilligt, eingesehen, wir konnten sie nachfühlen oder nachempfinden, sie haben uns eingeleuchtet, und was uns heute in gespreizter Pose nachvollziehbar ist, war uns schlicht verständlich. Immer blieb dabei der Graben offen zwischen dem Vollziehen, das ein Tun ist, und dem, was wir dabei tatenlos empfunden haben.

Und diesen Graben zuzuschütten soll ein Fortschritt sein? Es ist eine Verarmung. Verwischte Unterschiede, abgestorbene Wörter. Vielleicht werden unsere Enkel mit fünfzig Vokabeln auskommen, darunter ätzend, irre, postmodern und multikulturell, und könnten sie dann vieles scheinbar irgendwie nicht nachvollziehen – glücklich wähnen würden sie sich doch.

«Frühling» – welche Albernheit!

Unter Mephistos blitzgescheiten Sprüchen ist einer, der uns mehr als üblich zu grübeln geben sollte: «Gewöhnlich glaubt der Mensch, wenn er nur Worte hört, es müsse sich dabei doch auch was denken lassen.» Wir neigen zu der stillschweigenden Überzeugung, dass jedes Wort einen Sinn haben müsse, da es doch vorhanden ist – obwohl unser Wortschatz grossenteils aus muffigen Gelehrtenstuben und aus miefigen steinzeitlichen Höhlen stammt. Elias Canetti hat nur zu recht, wenn er sich Akademien wünscht, «deren Aufgabe es wäre, von Zeit zu Zeit gewisse Worte abzuschaffen». Fangen wir mal mit dem Frühling an.

Am 21. März werden also Zeitung, Radio und Fernsehen wieder einmal verkünden, hiermit sei der Frühling angebrochen; darauf haben sie sich geeinigt mit den Astronomen und den Kalenderfabrikanten. Noch lieber werden sie am 18. März melden, drei Tage vor Frühlingsanfang sei schon «der Sommer eingezogen» (falls wir es gerade mit einem Schwall subtropischer Warmluft zu tun bekommen). Und am liebsten am 24. März, drei Tage nach Frühlingsanfang sei «der Winter zurückgekehrt» (falls es schneit). Ein solches Gedränge der Jahreszeiten auf engstem Raum müsste eigentlich jeden stutzen machen, der ein bisschen denkt, wenn er liest; nicht gerechnet, dass es erlaubt wäre, unsere Begriffe hin und wieder an einem Blick aus dem Fenster zu orientieren.

Vier Jahreszeiten also, davon zuweilen drei in einer Woche, wenn die Journalisten recht haben; im übrigen allesamt mit einem exakten Datum, das für die gesamte nördliche Halbkugel verbindlich sein soll, für Alaska wie für den Sudan. Wir schwitzen am 20. März, aber «Winter» sollen wir dazu sagen; wir frieren am 22. März, aber «Frühling» soll das heissen – ein herrliches Beispiel für unseren Aberglauben an die Kraft des Begriffs. Steht das Wort in offenkundigem Widerspruch zum Verhalten der Natur, so fällt es uns nicht im Traum ein, das Wort auf seine Eignung zu prüfen; umgekehrt: Wir benutzen es, um der Natur ihren Verstoss gegen unseren Sprachgebrauch vorzuhalten. Wir schlagen dem Wetter die Erwartungen um die Ohren, die in unserem Vokabular versteinert sind, und teilen ihm entrüstet mit, dass es sie verletzt.

Von den Meteorologen lassen wir uns dabei schon gar nicht irritieren. Auch für sie beginnt «der Frühling» zwar, kurios genug, an einem bestimmten Tag, jedoch an einem anderen: dem 1. März. Und schon gar nicht nehmen wir die Phänologen zur Kenntnis, die meteorologischen Beobachter und Berater der Landwirtschaft – obwohl sie und nur sie realistisch beschreiben, was sich in der Natur vollzieht und nicht in der Welt der fertigen Begriffe.

Mit dem mittleren Beginn der Schneeglöckenblüte setzt das ein, was die Phänologen den Vorfrühling nennen. Auf ihn folgt in ihrer Sprache der Erstfrühling, gekennzeichnet durch das Aufbrechen der Stachelbeerknospen oder das Erscheinen der Blattoberfläche der Rosskastanie; schliesslich der Vollfrühling mit der Flieder- oder Apfelblüte. Je nachdem, welche Kapriolen das Wetter diesmal schlägt, welchen der drei Massstäbe wir anlegen und ob wir in der Oberrheinischen Tiefebene messen oder an der polnischen Ostseeküste, beginnt der Frühling in Mitteleuropa also ununterbrochen von Februar bis Juni.

Das ist natürlich unbequem und noch dazu gänzlich ungeeignet für Schlagzeilen und Wirtshausflüche. Da bleiben wir lieber bei unserer öffentlich akzeptierten Albernheit, im Kalender eine Zäsur zu markieren, von der der liebe Gott offensichtlich keine Ahnung hat; schlimm genug für ihn!

Gut, gut; nur: Was folgt daraus? Sollen wir die Sprachmäkelei so weit treiben, die uralten Namen der Jahreszeiten abzuschaffen, und gibt es nicht Tage im Mai, an denen alle Welt sich über das Wort «Frühling» einig ist? In der Tat: Beim Frühling würde es genügen, wenn seriöse Journalisten sich für den Unfug des angeblich im Frühling zurückgekehrten Winters zu schade wären – und wenn wir alle versuchten, unseren Aberglauben an die wetterstiftende Macht des Wortes durch gelegentliches Augenzwinkern zu mildern.

Aber die Undefinierbarkeit des Frühlings ist ja nur ein Lehrstück dafür, wie arglos wir auch mit solchen Begriffen umgehen, die politische Wirkung haben – obgleich man bei ihnen nicht minder streiten könnte, was eigentlich ihnen in der realen Welt entspricht, wenn überhaupt etwas. Wie, bitte sehr, sollen wir denn «Fortschritt» definieren oder «Solidarität» oder «soziale Gerechtigkeit»?

Und müsste einer, der «Naturschutz» betreibt, uns nicht wenigstens erklären, was er unter Natur *versteht*? Will er Vulkane, Ratten und Kakerlaken schützen, Krätzmilben, Aids-Viren und Pestbazillen? Das will er nicht. Aber es ist doch Natur! Schützen will er also nur einen Teil der Natur. Welchen? Das soll er uns erklären! Warum findet darüber keine öffentliche Debatte statt?

So könnte es sein, dass politische Handlungen und Unterlassungen daraus folgten, wenn wir uns entschliessen würden, die ungelüfteten Winkel unseres Wortvorrats dann und wann einem Quantum Frischluft auszusetzen, und käme sie mit einem Islandtief im sogenannten Frühling.

Die virtuelle Windhose

Da schwappt also seit Jahrzehnten diese Welle aus Amerika herüber und überschwemmt uns mit Swimmingpools, Spraydosen und Mountainbikes, obwohl sie gegenüber Schwimmbecken, Sprühdosen und Bergrädern als einzigen Vorzug den haben, ausländisch zu klingen. Darüber sollte man stutzen dürfen – abseits aller Deutschtümelei und bei klarem Lob für praktische Importe wie Job, Team, Flirt, fair, die unsere Sprache geschmeidiger, ja reicher machen.

Meistens aber leisten wir uns beim Umgang mit englischen Silben eine von drei Marotten: Wir übersetzen falsch, wir übersetzen gar nicht, und grossmäulig bereichern wir das Englische um Wörter, die in ihm nicht vorgesehen sind.

Die Mutter aller Fehlübersetzungen ist die Windhose, der Wirbel im Zentrum des Tornados. Er ist schlauchförmig und heisst auch so – auf englisch, wo *hose* bekanntlich «Schlauch» bedeutet («Hose» hiess es nur im Mittelalter). Es ist nicht rekonstruierbar, welcher geistreiche Mitteleuropäer schon früh im 19. Jahrhundert sich statt aufs Lexikon auf seine Eingebung verliess, dass *hose* wohl «Hose» heissen müsse. In den letzten Jahrzehnten ist die Technik im Deutschen beinahe ausgestorben, weil sie auf englisch *technology* heisst, woraus wir scharfsinnig folgern, dass sie auf deutsch «Technologie» heissen sollte.

Das Gar-nicht-erst-Übersetzen tritt in zwei Varianten auf: Entweder behalten wir auch Schriftbild und Aussprache bei, sprechen also im Computerjargon von Hardware und Software, obwohl es sich um den schlichten Unterschied zwischen Geräten und Programmen handelt und sonst nichts. Oder wir unterwerfen die englischen Silben der deutschen Grammatik, wie bei dem noch frischen Anprall der «virtuellen Realität», der Kunstwelt aus dem Computer.

Virtual ist schon für Englischsprachige kein glückliches Wort, denn einerseits bedeutet es «tatsächlich, wirksam, eigentlich» und andererseits das Gegenteil davon: nicht wirklich vorhanden, sondern nur als Möglichkeit angelegt, scheinbar, fiktiv. *Virtual* als «virtuell» ins Deutsche einzuführen hat also den Vorzug, dass an die Stelle des ärgerlichen Schillerns der Bedeutung das fast totale Unverständnis tritt. (Millionen Mitteleuropäer halten ja den Underdog für ein Kleidungsstück und den Drop-out für einen Bonbonautomaten, wie eine Umfrage von 1990 ergab.)

Wenn man nun mit Spezialbrille und Datenhandschuh in ein dreidimensionales Reich aus dem Computer eintaucht, bewegt man sich worin? In einer scheinbaren Realität, einer fiktiven Wirklichkeit, einer Scheinwelt. Warum also setzen sämtliche einschlägigen Zeitschriften deutscher Sprache an die Stelle dieser anschaulichen und völlig korrekten Silben die «virtuelle Realität»? Missverständlich auf englisch, unverständlich auf deutsch – ein neuer Triumph der Übersetzungskunst vor dem Hintergrund der modischen Anglomanie.

Ihre Spitze erreicht sie, wenn deutsche Firmen für deutsche Kunden ein englisches Wort in die Welt setzen – wie die Deutsche Bundesbahn, als sie den *Intercity* erfand. Die vier Silben besagen, dass die Züge von einer Stadt zur anderen fahren. Das aber taten Züge immer: zum Beispiel 1825 von Stockton nach Darlington und 1835 von Nürnberg nach Fürth. Mit dem englischen Kunstwort war indessen zweierlei erreicht: dass die Leute die erstaunliche Dürftigkeit der Neuerung nicht so leicht durchschauten – und dass ein europäisches Produkt sich heutzutage besser verkauft, wenn es unter amerikanischer Flagge segelt.

Was an all dem so schlimm sein soll, ist die berühmte Frage, die nun fällig wird. Haben wir nicht einst lateinische, dann französische Vokabeln zu Hunderten ins Deutsche übernommen, ohne dass unsere Sprache daran zerbrochen wäre? Nun kommt die Welle eben aus Amerika – so what!

Zweierlei lässt sich dagegen sagen: Wenn ein Schlauch wie ein Schlauch aussieht und in seinem Ursprungsland auch Schlauch heisst, so gereicht es keiner Sprache der Welt zur Ehre, wenn sie ihn mit einer Hose verwechselt. Und «Scheinwelt» wäre auch dann ein besseres Wort als «virtuelle Realität», wenn wir diese von Walther von der Vogelweide geerbt hätten. Dummheit wird nicht dadurch schlau, dass wir sie beim Import begehen.

Zum zweiten: Wenn es gut ist, dass Mundarten und Regionalsprachen sich gegen Überwucherung verteidigen, ja sich gegen die dominierende Hochsprache zu kräftigen versuchen – das Schweizerdeutsche, das Plattdeutsche, das Katalanische –, dann soll es schlecht sein, wenn eine der grossen Kultursprachen des Abendlands sich ebenfalls am Leben erhalten möchte? Die Weltsprache des Protestantismus, der Philosophie und der Psychoanalyse? Jeder Chief Sales Coordinator in einer Mountainbike-Fabrik soll das Deutsche durch die Wurstmaschine drehen dürfen – und wer ihn daran hindern will, der soll sich rechtfertigen müssen?

Was aber die ähnlich berühmte Behauptung angeht, die Sprache entwickle sich eben, da könne man nichts machen – so sei, zum zweitenmal in diesem Buch, darauf erwidert: Nichts «entwickelt sich», wenn die 45 000 Journalisten deutscher Muttersprache, die Deutschlehrer und ein paar andere Meinungsführer es nicht wollen.

Heimweh nach der Zensur

Viele Schriftsteller in Ostdeutschland und Osteuropa bekunden, dass sie unter der Freiheit leiden; auch Maler und Kabarettisten trauern den Verboten nach. Denn sie zu überlisten spornte den Geist an und zog den Beifall nach sich. Wer zwischen 1961 und 1989 auf einer Theaterbühne in Ostberlin drei Mauersteine aufeinanderlegte und dann darüberstieg, der provozierte jenen halbunterdrückten Jubel, den in freien Ländern keiner kennt und der selbst den bescheidenen Einfall adelte. Die traurige Wahrheit lautet: Zensur kann das Publikum dankbar und die Künstler fruchtbar machen.

«Ach! Ich kann nicht mehr schreiben, ich kann nicht, denn wir haben keine Zensur! Wie soll ein Mensch ohne Zensur schreiben, der immer unter Zensur gelebt hat? Aller Stil wird aufhören, die ganze Grammatik, die guten Sitten!» Heine rief das 1848, nachdem im Deutschen Bund die Zensur aufgehoben worden war. Seine Lust an der Überspitzung mag daran beteiligt gewesen sein. Aber Kurt Tucholsky schrieb 1919, der Satiriker fühle sich am wohlsten, «wenn ihm ein Zensor nahm, zu sagen, was er leidet. Dann sagt er's doch, und wie er es sagt, ohne es zu sagen – das macht schon einen Hauptteil des Vergnügens aus.»

Ja, so ist das wohl. Der in Deutschland populärste Kabarettist der Nazi-Ära, Werner Finck, bekannte, dass er diese Zeit in gewisser Weise genossen habe. «Nie war die Kunst der geschliffenen politischen Spitze lebensgefährlicher als damals», schrieb er 1982, «niemals aber auch so reizvoll. Deshalb hat mich das Nachdenken über meine Möglichkeiten in einem wahrhaft demokratischen Staat etwas beunruhigt. Denn wenn der schwindelnde Abgrund unter dem Seil, darauf die Worte halsbrecherisch balancieren müssen, abgeschirmt ist durch das Sicherheitsnetz einer liberalen Gesetzgebung: Wird dann einer der vielen noch zuschauen wollen, denen früher das gleichgeschaltete Hasenherz stehenblieb, wenn man die Balance zu verlieren schien?»

Damals, 1934, rief Finck von der Bühne herab zwei mitschreibenden Herren in Ledermänteln leutselig zu: «Kommen Sie mit, oder soll ich mitkommen?» Und nachdem sein Cabaret für ein paar Tage geschlossen worden war, begrüsste er das Publikum mit den Worten: «Gestern war hier zu. Heute ist hier offen. Sind wir heute zu offen, ist morgen wieder zu.»

Mit so moderatem Aufwand so viel Applaus zu ernten war nur möglich, wo der Sprecher und sein Publikum sich als gemeinsame Verschwörer gegen ein Tabu empfanden. Zensur macht den populär, der ihr listig zu trotzen weiss.

Die Zensurbehörde trägt das Ihre dazu bei, dem

Künstler Selbstwertgefühl und Status zu verleihen. Der Dichter Ossip Mandelstam soll, bevor er in Stalins Gulag starb, im Galgenhumor gesprochen haben: «Russland ist das einzige Land, wo man für ein Gedicht erschossen wird.»

Und nun die Freiheit! Sowjetische Protestlyriker mussten erkennen, dass sie ihre Popularität der Unterdrückung verdankten – und dass die Meisterwerke, die sie zu schreiben versprachen, sobald das Wort frei sei, ihnen nicht aus der Feder fliessen wollen. Der Dresdner Maler Eberhard Göschel seufzte 1990: «Die Kunst ist nicht mehr subversiv. Wir waren zeitweise geduldet, wurden aber auch mehrmals bedroht.» Da habe er sich oft gefragt, wann er im Zuchthaus landen werde. «Heute stehe ich am Morgen auf – und es ist nichts.»

Auch entschuldigt die Zensur die schwache Leistung. Als in Österreich 1848 die Zensoren eine Zeitlang arbeitslos geworden waren, liess Nestroy den Zeitungsschreiber Eberhard Ultra seufzen: «Es war halt eine Schöne Sach', wenn einem nichts eing'fallen is und man hat zu die Leut' sagen können: ‹Ach Gott! Es is schrecklich, sie verbieten einem ja alles.›»

Eine Wirkung der Zensur aber muss man wohl bejahen, wenn auch zähneknirschend: dass sie oft den Schreiber zu Leistungen emportreibt, zu denen ihm sonst der Anstoss gefehlt hätte. Der ostdeutsche Dramatiker Heiner Müller schreibt in seiner

Autobiographie, jedes Verbot eines seiner Stücke habe in ihm die Kraft freigesetzt, das nächste zu schreiben. Über Bert Brecht sagt Müller, fast wäre er ein blosser Erfolgsautor geworden; «aber gottseidank kam Hitler, dann hatte er Zeit für sich».

Das sind kühne Thesen und schreckliche Zusammenhänge. Trösten wir uns mit einer milderen Form des Ansporns durch Zensur: dem Esprit, der ohne sie dem Autor nicht abgefordert worden wäre. Billy Wilder erzählt die Geschichte, wie er, 1933 aus Berlin nach Amerika geflohen, in einem seiner ersten Drehbücher das amerikanische Universalschimpfwort *son of a bitch* verwendete – irgendwo zwischen «Schuft» und «Rindvieh» angesiedelt, wörtlich aber «Sohn einer Hündin». Da erfuhr er, dass dieser Fluch in Hollywood auf dem Index stand, und so liess er seinen Schauspieler sagen: «Wenn du eine Mutter hättest, würde sie bellen!» Die Zensur hatte eine Gehirnwindung mehr erzwungen, aus dem abgenutzten Schimpfwort ein frisches gemacht, dabei den Grad der Beschimpfung drastisch gesteigert, und die intelligentere Hälfte des Publikums, die List erkennend, brüllte vor Vergnügen.

Ob einer grosse Kunst oder witzige Dialoge liebt, er steht vor dem Problem: Gibt es Möglichkeiten, die Geistesblitze leuchten zu lassen, die die Zensur gezündet hat – ohne dafür die Finsternis in Kauf zu nehmen, die sie zwischen den Blitzen verbreitet? Ein paar gibt es. Darüber mehr im nächsten Stück.

Qualität kommt von Qual

«Im ganzen bin ich mit Ihnen unzufrieden», schrieb Jacob Burckhardt 1856 an einen jungen Schriftsteller. «Sie schmeissen die Sachen noch immer so hin und lassen sie liegen, wie es kommt. Mit Ausnahme des jugendlichen Goethe hat aber keiner ungestraft geschmissen. *Er* durfte es, kraft höchst ausserordentlicher Persönlichkeit. Es lässt sich ein grösserer Dichter als er denken, der es doch nicht gedurft hätte.»

Da wurde ein Nachwuchstalent unbarmherzig auf jene Einsicht gestossen, gegen die die meisten Schreiber und Redner sich sperren, weil sie wehtut und Arbeit macht: «Nichts ist schon deshalb gut, weil ich es hingeschrieben habe.» Junge Journalisten müssen das lernen; Vortragsredner, die es ignorieren, verbreiten Langeweile; Schriftsteller, die sich darüber erhaben fühlen, warten zu Hunderten auf den Verleger, umsonst.

Ob einer Weltliteratur produzieren, einen sauberen Artikel schreiben oder nur eine kurzweilige Rede halten will: Am Anfang steht das methodische Misstrauen gegen das eigene Produkt. Hermann Burger verlangte Prosa, die «in der Esse der Selbstkritik gehärtet» worden sei. Sogar von Selbstzensur könnte man sprechen: dem selbsterlassenen und selbstbefolgten Verbot, sich mit Schwächen, Schludrigkeiten oder leeren Worthülsen an die Öffentlichkeit zu wagen. Selbstzensur ist der Grundpfeiler der Qualität; ihre anderen Stützen heissen Druck und künstliche Erschwerung.

«Hume hat seine Geschichte von England dreimal abgeschrieben, ehe er sie in die Druckerei schickte», rühmte Georg Christoph Lichtenberg. «So muss man es auch machen.» Hölderlin hat viele gerade seiner grössten Gedichte als ein Labyrinth von Korrekturen hinterlassen, das es seinen Herausgebern oft unmöglich macht, die authentische Fassung zu ermitteln. Heine schrieb an seinen Verleger, seine Epen «Atta Troll» und «Wintermärchen» bedürften dringend der Überarbeitung, denn der Dichter sei ein Mensch, «dem die besten Gedanken erst hintennach kommen». Flaubert rang um *le mot juste*, er sprach von den «grauenvollen Anstrengungen des Stils» und schuftete nach seinen Worten «wie sechsunddreissig Millionen Neger». Robert Musil arbeitete an seinem «Mann ohne Eigenschaften» mehr als zwanzig Jahre lang; er starb über der zwanzigsten Fassung des 178. von 251 Kapiteln. Kurz – fast alle grossen Schriftsteller hätten in Schillers Seufzer einstimmen können: «Wüssten es nur die allzeit fertigen Urteiler und die leicht fertigen Dilettanten, was es kostet, ein ordentliches Werk zu erzeugen.»

Und das gilt für jeden ordentlichen Text, nicht

nur für grosse Literatur. Die Massstäbe, die man dabei anlegen könnte, versucht diese Kolumne stetig zu beschreiben; heute geht es um die andere Frage: Wie lässt sich die hoffentlich vorhandene grundsätzliche Einsicht im Einzelfall mobilisieren und gegen die Versuchungen der Trägheit durchsetzen? Drei Rezepte haben sich als wirksam erwiesen: abschreiben, laut lesen, Gegenleser suchen.

Niemand, der sich der Mühe unterzieht, einen eigenen Text noch einmal völlig abzuschreiben, überträgt ihn Wort für Wort. Die natürliche Faulheit legt Verkürzungen nahe, und die sind fast immer ein Gewinn; und wer einen Satz ohnehin neu niederschreibt, kann seine Formulierungen verändern, ohne sich die kleine Widrigkeit des Korrekturvorgangs zuzumuten, an der viele halbherzige gute Vorsätze zerschellen.

Wem das Abschreiben zu mühsam ist, der sollte seinen Text laut lesen. Es ist überraschend heilsam, das Geschriebene dem Gehörtwerden auszusetzen: Aus blossen Unebenheiten werden dabei Stolpersteine; bei hässlichen Rhythmen kracht es im Gebälk; und ohnehin sollte man keinen Text in die Welt entlassen, der sich nicht als sprechbar und hörbar erwiesen hat.

Die Gegenleser schliesslich, die freiwillig installierte Fremdzensur durch Freunde, Kollegen, Experten: Fast regelmässig entdecken sie Ungereimtheiten, die der Autor übersehen hat, und wenn sie eine Passage langweilig oder gar unverständlich finden, so sollte der Verfasser nicht mit ihnen rechten, sondern den Passus ändern.

Eine sinnreiche Ergänzung der Selbstzensur und der bestellten Fremdkritik ist der Druck, der von aussen kommt. Viele grosse Schriftsteller schrieben gegen permanente Armut oder unrettbare Verschuldung an wie Poe, Balzac, Dostojewski; Tausende von Journalisten können es sich nicht leisten, dem Chefredaktor einen Kommentar mit ihrer wahren Meinung anzubieten, und so wählen sie listige und oft geistreiche Wege, um wenigstens 60 Prozent davon ins Blatt zu mogeln. In ein paar Winkeln lauert auch in der freiesten Gesellschaft die Zensur – und damit der Ansporn, den Zensor mit hintersinniger Rhetorik einzuseifen.

Was schliesslich den Nutzen der künstlichen Erschwerung angeht, so liefert das schönste Beispiel die Lyrik, die strenge, die Versmass und Reim verlangt. Viele der grossartigsten Sprachleistungen wären nie ins Leben getreten ohne dieses Korsett. Das ist nichts für unsereinen, aber ein drastisches Indiz mehr, dass die Qualität von der Plage kommt – wie in Friedrich Rückerts Doppelreimen:

Aus den Tiefen riefen
Meine zagen Klagen
Zu den fernen Sternen
Die den droben loben.

Preisbereinigung auf der Verbraucherstufe

Einerseits lachen wir darüber, dass unsere Urgrosseltern, soweit sie den sogenannten gebildeten Ständen angehörten, *Beinkleider* zu den Hosen sagten und zu Unterhosen die *Unaussprechlichen*. Wir rühmen uns eines frischeren, unverkrampften Umgangs mit der Sprache, ja im Wortschatz der heutigen bürgerlichen Kreise haben sich fäkalische Wörter breitgemacht, und vorbei sind die Zeiten, als man unter den «Bumsern von Südtirol» noch die Urheber von Sprengstoffanschlägen verstehen konnte (wie der «Spiegel» in einer Überschrift von 1964).

Doch während unsere Sprache manche Verschrobenheit in der Tat abgestossen hat und zugleich vulgärer geworden ist, produziert sie andererseits so viele neue Tarn- und Schmeichelwörter – bildungssprachlich: Euphemismen – wie noch nie. Mit diesem uralten Sprachtrick lässt sich ja dreierlei erreichen: Man kann beschönigen, man kann täuschen, man kann sich brüsten.

Ist ein Kramladen gerade gross genug, dass sich darin noch zehn Drahtkörbe aufstellen lassen, so nennt er sich Supermarkt. Die Klinkenputzer an den Apotheken wollen heute Pharmareferenten heissen, und bei Autos der oberen Preisklasse ist aus dem

Motor längst das Triebwerk geworden. Von solcher Art sind die Renommier-Euphemismen.

Emsiger als unsere Ahnen sind wir auch bei dem Versuch, möglichst viel Trauriges und Anstössiges in freundliche oder wenigstens glimpfliche Begriffe einzuhüllen. In den Todesanzeigen ist häufiger von einer unheilbaren Krankheit als von Krebs oder Aids die Rede; Bestattungsunternehmen heissen in Amerika ganz heimelig *funeral homes*. Aus den Irren sind zunächst die Geisteskranken, heute die geistig Behinderten geworden, aus den Hilfsschulen die Sonderschulen, aus den Greisen die Senioren. Wo einer früher Mühe mit dem Lesen hatte, heisst er jetzt Legastheniker, und für die Orangenhaut auf feisten Oberschenkeln stellt die Medizin den Kosenamen Zellulitis zur Verfügung.

Von solcher Art sind die Trost-Euphemismen. Der Wunsch nach immer noch mehr Milde geht so weit, dass sich zuweilen kaum entscheiden lässt, ob man es mit einer neuen Schönrednerei oder vielmehr mit der Karikatur auf eine solche zu tun hat; so, wenn man in einer amerikanischen Zeitschrift einen Zwerg (Verzeihung: einen Kleinwüchsigen) als einen «in der Senkrechten Benachteiligten» (*vertically disadvantaged*) wiederfindet.

Als Präsident Truman 1949 eine Unterstützung der unterentwickelten Länder zum Programm erhob, dauerte es nicht lange, bis sie lieber Entwicklungsländer hiessen – eine politische Schönfärbung, die freundlich und diskutabel war. Die meisten Euphemismen sind das nicht, sobald politische, militärische oder wirtschaftliche Interessen mitspielen; da sieht man so recht, wie vorzüglich sich die Sprache zum Verschleiern und Irreführen eignet.

Eine Verteuerung wird selten angekündigt; wir lesen statt dessen «Preiskorrektur», «Entzerrung des Preisgefüges» oder «Preisbereinigung auf der Verbraucherstufe». Für eine stagnierende Wirtschaft haben die Politiker sich das Nullwachstum einfallen lassen; Österreichs Bundeskanzler Bruno Kreisky setzte sogar das Plus-Null-Wachstum in die Welt, keilte die Null also zwischen zwei Begriffe ein, die nach Aufschwung schmecken sollten. Die Autoindustrie rühmt den immer geringer werdenden *Luftwiderstandsbeiwert* ihrer Modelle und baut darauf, dass der Laie den Hintersinn des Fachworts nicht versteht: Wenn der Beiwert sinkt, kann der Luftwiderstand immer noch steigen, wenn man nämlich Autos von unsinniger Grösse produziert; der Beiwert drückt nur die Relation zwischen Widerstand und Oberfläche aus.

Ein Hauch von Verlogenheit umschwebt auch die Vorsorgeuntersuchung. «Vorsorge» würde ja bedeuten, dass sich mit ihrer Hilfe ein Krebs vermeiden liesse. Davon aber kann nicht die Rede sein. Es handelt sich also um Früherkennung. Was aus der folgt, ist offen: vielleicht eine rettende Behandlung – vielleicht nur ein früheres Bescheidwissen über das Ende, also eine Verlängerung des Leidens.

Von solcher Art sind die Tarn-Euphemismen. Am gründlichsten tarnt sich naheliegenderweise das Militär: Der Krieg heisst «Verteidigungsfall», der Rückzug «Frontbegradigung», und im Spanischen Bürgerkrieg stand in einem Communiqué der republikanischen Truppen der grosse Satz: «Unser Vormarsch dauerte ohne jeglichen Geländeverlust an.» Mit einem ähnlich dichten Tarnnetz operiert die Atomindustrie, wenn sie versucht, ihre Mülldeponien als *Entsorgungsparks* unter die Leute zu bringen. Da ist eine Sprachleistung vollbracht wie in Orwells «1984», wo das fensterlose Hauptquartier des Geheimdienstes «Ministerium der Liebe» heisst.

Sollen wir nach all dem die Euphemismen tadeln oder meiden? Die täuschenden ja – die tröstenden sicher nicht. Und schon gar nicht die listigen: *horas intensivas*, das ist so einer. Auf diese Arbeitsstunden freuen sich spanische Beamte, wenn der Sommer naht. Wie das? Nun, sie bekommen hitzefrei, sie arbeiten nur den halben Tag. Was sie benennen, ist indessen nicht die gewonnene Freizeit, sondern die bewundernswerte Intensität, mit der sie in den verbleibenden Stunden zu arbeiten versprechen. So schön kann Sprache sein.

Satzbau im Sekundentakt

Hätten sie doch alle schon einmal vom Gesetz der drei Sekunden gehört, jene Mitmenschen, die Bücher, Artikel, Verlautbarungen und Gebrauchsanweisungen schreiben – wieviel leichter könnten wir sie verstehen! Wer Sätze baut, sollte dieses Gesetz kennen und sich daran halten, wenn die deutsche Grammatik ihm das auch sauer macht.

Was eigentlich heisst *Gegenwart*? Physikalisch definiert, ist sie ein unablässig wandernder Punkt, der die Vergangenheit von der Zukunft trennt. Psychologisch aber dauert sie zwei bis drei Sekunden. In diesem Intervall, in solchen Häppchen gestalten und erleben wir die Zeit. Die Fachleute ahnten das seit langem, in den letzten Jahren haben mehrere wissenschaftliche Institute es exakt erforscht.

Zwei bis drei Sekunden dauern in allen Kulturen alle rhythmisch wiederkehrenden Bewegungen: Winken, Kopfnicken, Händeschütteln; die Forschungsstelle für Humanethologie der Max-Planck-Gesellschaft hat es auf 250 Kilometern Film dokumentiert. Drei Sekunden lässt der Starter dem 100-Meter-Läufer mit dem Kommando «Auf die Plätze – fertig – los!» Zwei bis drei Sekunden dauert das Lesen fast aller Gedichtzeilen in allen Sprachen; das Institut für Medizinische Psychologie der Universität München hat es geprüft. In der Musik wird eine rhythmische Figur von den Hörern nur dann erkannt, wenn sie in maximal drei Sekunden abgeschlossen ist, ein Motiv nur dann populär, wenn es sich in drei Sekunden pfeifen lässt.

Diese drei Sekunden also sind eine psychologische Urtatsache: Sie sind unser «Gegenwartsfenster», sie sind die Obergrenze für unser Kurzzeitgedächtnis, für das, was das Gehirn uns als Einheit präsentieren kann. Für den Satzbau hat dies eine dramatische Konsequenz: Nie darf man seinen Leser oder Hörer mit einem Informationsbrocken bedienen, der nach drei Sekunden noch sinnlos und unverdaulich ist – mit einer ersten Hälfte, auf die der sinnstiftende zweite Teil *zehn* Sekunden lang nicht folgen will.

In zwei Hälften müssen wir das Verb zerschlagen: immer im Perfekt (ich habe . . . geglaubt) und im Futur (ich werde mir das noch reiflich überlegen), oft auch im Präsens: Mir fällt . . . auf, ich lese . . . vor. Ein völlig korrekter deutscher Satz lautet beispielsweise: «Ich sage Ihnen in Anbetracht der vielen Unklarheiten des anderen Projekts, die sich trotz aller Bemühungen nicht haben beseitigen lassen, hiermit . . .» – was sagt er: zu? ab? oder vielleicht: «Sie können mich mal»? Auf *sage* folgen 21 Wörter mit zusammen 42 Silben, ohne dass der Leser ein Signal für den Sinn des Satzes bekommen hätte. Wenn aber die Auflösung endlich folgt (*ab* sagt er also), ist das *sagt* schon nicht mehr vorrätig im Kurzzeitspeicher.

Denn dessen Kapazität von drei Sekunden bedeutet, ins Hören oder Lesen übersetzt: sechs Wörter, zwölf Silben. Natürlich ist das ein grober Mittelwert: erstens, weil schon drei Wörter fünfzehn Silben haben können (Kapazitätsengpässe im Beherbergungsgewerbe); zweitens, weil trainierte Leser in drei Sekunden mehr als zwölf Silben verarbeiten. Wer also einen Brief an einen Professor der Germanistik richtet, darf die beiden Hälften seines Verbums sicher um mehr als zwölf Silben auseinanderschleudern. Allen Schreibern von Fernsehnachrichten oder Steuerrichtlinien aber bleibt nichts anderes, als sich auf eine nichttrainierte Menge einzustellen – und folglich nach zwölf Silben das Beil anzusetzen.

Ist die Zerschlagung des Verbs noch eine Not der deutschen Grammatik, so fügt man ihr mutwillig eine weitere Plage hinzu, wenn man seinen Hauptsatz unterbricht, um einen Nebensatz dazwischenzuklemmen. In mündlicher Rede kommt diese Stilfigur so gut wie niemals vor, und in gelesenen Texten vergrault sie Hörer und Leser: «Das Haus, das unter so grossen Mühen und unter Inkaufnahme erschreckend hoher Hypothekenzinsen ...» Das waren schon 29 Silben statt 12, und noch immer weiss ich nicht, ob dieses Haus abgebrannt oder ihm ans Herz gewachsen ist; und dabei hätte der Satz doch beginnen können: «Sein Haus ist abgebrannt – jenes Haus, das er ...» Welche Turbulenzen *Attribute* im Kurzzeitspeicher hervorrufen können, darauf wurde schon hingewiesen: «Das von ihm unter so grossen Mühen und unter Inkaufnahme erschrekkend hoher Hypothekenzinsen errichtete ...» Da ist nichts besser geworden – 13 Attribute mit 32 Silben, und noch immer kein Haus!

Führt es dann aber nicht zur Verarmung des Stils, wenn jeder sich zwingt, die Tücken der deutschen Syntax zu überlisten, indem er das Zusammengehörige mit maximal zwölf Silben unterbricht? Gewiss, Thomas Mann und Kleist haben sich nicht daran gehalten; Meister dürfen alles, wenn sie welche sind. Mehr grosse Stilisten aber haben sich instinktsicher des Dreisekundentakts bedient: mit Wörtern geizend wie Luther, Kafka oder Brecht, in feuriger Prosa wie Schiller oder Büchner, mit boshafter Brillanz wie Lessing, Lichtenberg und Heine.

Und warum schliesslich dürfen wir nicht darauf vertrauen, dass der Leser zurückliest, wenn der Anfang ihm entfallen ist? Weil das weltfremd wäre: Er denkt gar nicht daran. Wer die Einschübe trotzdem häuft, könnte wissen, dass er bestenfalls zur Hälfte verstanden wird. Warum schreibt er dann?

Visite am Ballhausplatz

Wechsel im Ausdruck? Synonyme wählen? Unbedingt! Keinesfalls! Beides ist richtig – je nachdem. Jeder Schüler lernt zu Recht, dass er nicht zweimal in einer Zeile *aber* schreiben soll, sondern beim zweitenmal doch, jedoch, dennoch, trotzdem, indessen, hingegen oder allerdings. Auch sollte man jedem Kind die Chance geben, in den Wortschatz seiner Muttersprache hineinzuwachsen, statt *schlecht gelaunt* auch einmal *lustlos* zu sagen und Nachbarwörter wie *missmutig, trübsinnig, griesgrämig* wenigstens zu würdigen, warum nicht auch das schöne alte *sauertöpfisch* oder das regional gebundene *miesepetrig*.

Den Ausdruck zu wechseln hat also dreierlei Vorzüge: Es vermeidet den Ochsentrott der hartnäckig wiederkehrenden Silben; es schöpft das Erbe unseres in Jahrtausenden aufgehäuften Wortvorrats aus; und es macht Abstufungen der Farbe, der Aura, der Stilebene möglich, die die Sprache glitzern und vibrieren lassen. Schön, wenn einer die sinnverwandten Wörter *mutig, tapfer, kühn, tollkühn* und *verwegen, beherzt, couragiert, unerschrocken, draufgängerisch* und *wagemutig* mit allen ihren Schattenwürfen kennt, vielleicht sogar verwendet und auch ihre betagten Brüder *brav, wacker, trutzig* noch einzuordnen weiss.

Bis hierher herrscht unter Germanisten und Journalisten Einigkeit. Die meisten gehen jedoch noch weiter: Sie fordern den Wechsel im Ausdruck immer, sie differenzieren nicht. Das ist der Punkt, an dem ich Zwietracht säen will: Fast jede Aussage enthält einen Begriff, den auszutauschen wir nicht einmal versuchen sollten.

Da hat also die österreichische Regierung etwas beschlossen. Der Nachrichtensprecher verweilt dabei vier Sätze lang. Im zweiten Satz nennt er, braver Schüler, der er ist, das handelnde Subjekt *Wien*, im dritten *das Donauland* (darauf kann man wetten) und im vierten *der Ballhausplatz*, weil an dem der Bundeskanzler residiert. Was ist da geschehen? Die Hauptstadt anstelle des Landes – das mag angehen, wenn man sie so gut kennt. Aber im Nachrichtendeutsch hören wir auch *Amman* für Jordanien, ja sogar *Tegucigalpa* für Honduras – und da wird mit dem Synonym ein Götzendienst, mit der Verständlichkeit aber Schindluder getrieben. *Donauland* ist zwar nicht falsch, doch auch nicht präzise: Denn die Donauländer reichen von Baden-Württemberg bis Bulgarien, und Ungarn wie Rumänien werden in viel höherem Grade als Österreich von der Donau bestimmt. Der Ballhausplatz schliesslich stürzt in dieselbe Grube wie Tegucigalpa: Für die meisten Hörer bleibt er dunkel immerdar.

Mit der Zwangsvorstellung also, der Ausdruck müsse gewechselt werden um jeden Preis, zieht Unsinn ein in den Versuch, einem anderen Menschen etwas mitzuteilen. Die lexikalische Varianz ist nur dann erstrebenswert, wenn sie sich auf Färbungen (wie *missmutig*) oder auf Funktionen (wie *jedoch*) erstreckt; die Sachen, die Hauptwörter, vertragen den Wechsel nicht. Für die meisten ist ein geläufiges und deckungsgleiches Austauschwort ohnehin nicht vorhanden, einem verbreiteten Irrglauben zuwider; die Mehrzahl der Synonyme ist folglich schief, krampfhaft oder lächerlich.

Wir haben kein anderes Wort für Wind, denn Sturm ist mehr und Brise weniger. *Sonnabend* ist kein Synonym für *Samstag*, sondern je nach Region lässt sich nur das eine oder das andere verwenden. Wird der Besuch des Staatsmanns im nächsten Satz als *Visite* bezeichnet (wie es unter Journalisten üblich ist), so hat man ein schiefes Synonym gewählt: denn die Visite ist ein Besuch von oben herab, zum Beispiel des Papstes in einer Diözese oder des Chefarztes am Krankenbett; ein Besuch ist ein Besuch und sonst nichts. An die Stelle der *Sonne* pflegt im zweiten Satz der Nachricht *das leuchtende Zentralgestirn* zu treten – eine Steissgeburt, die dem Schreiber in spontaner Rede nie unterlaufen würde, so wenig wie *Urnengang* für Wahl oder *der Leimener* für Boris Becker, wie in Deutschland gang und gäbe.

Die Suche nach unanfechtbaren Synonymen für Hauptwörter ist also zumeist vergeblich – und schon der Wille, sich auf diese Suche zu begeben, ist dubios. Wenn einer die Sache, von der er spricht, plötzlich mit einem anderen Wort bezeichnet, so enttäuscht er eine Art Urvertrauen: dass ein Ding seinen Namen habe und nur diesen. Wer den Wind meint, soll vom Wind reden – und sich gar nicht erst bemühen, ihn durch *landesübliche Luftbewegung* oder *mittelstarkes Naturgebläse* zu ersetzen.

Und dann gibt es Schreiber, die *wollen* ihr Wort wiederholen, um eben dadurch Wirkung zu erzielen. Die Bibel hallt wider von grimmigem Beharren auf den immerselben Wörtern: «Am Anfang war das Wort und das Wort war bei Gott und Gott war das Wort, dasselbige war am Anfang bei Gott.» Der Koran ganz ähnlich, auch Luthers Schriften, Brecht, Thomas Bernhard, Günther Grass. «Süssen Frühlings süsser Bote», heisst es bei Goethe, bei Thomas Mann (über Schiller): «Man war noch nicht elend, ganz elend noch nicht, solange es möglich war, seinem Elend eine stolze und edle Benennung zu schenken.» Dreimal «elend» – das eben kann edel sein. Und gloriose Rechthaberei kann aus der Wiederholung springen, wie in Lessings Streitschrift gegen den Pastor Goeze: «In diesem Ton schreckt man auch ab; und das wollte ich. Abschrecken wollte ich.» Vom Synonym um jeden Preis.

Viel Gegacker, wenig Eier

Troja auszugraben oder die Hieroglyphen zu entziffern war ein geringes Problem, verglichen mit einem, vor das *wir* die Archäologen künftiger Jahrtausende stellen werden: Auf Ton- und Videobändern, auf Platten, in Büchern und Protokollen hinterlassen wir ihnen einen Wort-Ozean, in dem selbst ein Team unerschrockener Forscher nur wird ersaufen können. Noch nie wurde auf Erden soviel Geschwafel produziert, vervielfältigt und für die Nachwelt festgehalten.

«Alles redet, nichts gerät, alles gackert, aber niemand will Eier legen.» Nietzsche notierte das 1883 – und natürlich sollte uns das misstrauisch stimmen: Wenn die Klage so alt ist – wäre am Ende gar nichts Neues passiert? Doch. Die elektronische Protokollierung und Vervielfältigung hat die uralte Neigung des Menschen, sich an seinem Wortschwall zu berauschen, in die Potenz gehoben.

Der Neigung uneingeschränkt folgen konnten ja einst nur Häuptlinge, Priester, Lehrer und orientalische Märchenerzähler. Der kleine Mann hatte in der Öffentlichkeit das Maul zu halten; die Meinungen von Siebzehnjährigen wollte einfach niemand kennenlernen; und von einem griechischen Olympiasieger erwartete man keine Kommentare. Wäre er aber töricht genug gewesen, sie zu sprechen, so hätten ein paar Umstehende sie gehört – und nicht, wie heute, Millionen.

Zwar ist weithin unerforscht, nach welchem Schlüssel der Liebe Gott seine irdischen Gaben auf die Menschen verteilt hat; doch alle Erfahrung spricht dafür: Der beste Redner des Parlaments ist fast immer ein Versager im Hammerwerfen, und der erfolgreichste Torschütze einer Fussballmeisterschaft hat sich noch nie durch rhetorische Gaben oder profunde Einsichten ausgezeichnet. Da man doch dem Redner das Hammerwerfen erspart – warum hält man dem schweisstriefenden Aussenstürmer ein Mikrophon unter die Nase? Dümmeres als sein Gestammel ward nie millionenfach verbreitet: Wer wollte Verwahrung einlegen gegen diesen Superlativ?

Es sind vor allem Radio und Fernsehen, die das Verhältnis zwischen Eiern und Gegacker dramatisch verschoben haben. Jeder Sender erzeugt einen Sog nach Wortprodukten, die Geschwätzigkeit ist sein Lebenselixier. Er braucht Ansager, Reporter, Interviewer, Talkmaster und Dampfplauderer, die keine Sekunde der Stille aufkommen lassen; und ohne die Sprachleistungen der einstigen Wortmonopolisten, der Häuptlinge, Priester und Lehrer, unnötig hochloben zu wollen, wird man festhalten dürfen: Was sie zu sagen hatten, hatte im Durchschnitt mehr Substanz, und wie sie es sagten, mehr

Brillanz als das, was uns heute aus allen Lautsprechern entgegenschallt. Für das Niveau der Interviewten aber gab es bis zur Einführung des Rundfunks überhaupt kein Gegenstück.

Ist es Zufall, dass parallel dazu der Wortrausch auch auf ganz anderen Feldern überschäumt? In den Kilometern von Tonbändern, die schliesslich Richard Nixon strangulierten? In der Zungendrescherei auf tausend Kongressen? In der Rock- und Popmusik, in der kaum je eine Minute ohne gesungene, gekrähte und gekeuchte Worte verstreicht, während der Wiener Walzer wie der Jazz überwiegend von wortlosen Instrumenten getragen wurden? Sind nicht viele der Texte, die uns da in die Ohren schrillen, so beschaffen, dass ihre Übertönung durch Klarinetten und Posaunen ein Beitrag zur Mehrung des Weltkulturerbes wäre?

Wer der Diagnose zustimmte, dass das elektronische Gelaber die Sprache immer penetranter und zugleich immer ärmer macht – der stünde vor der Frage: Ist dies bloss ein Seufzer über die hoffnungslos fortschreitende Schlechtigkeit der Welt, oder liesse sich etwas dagegen unternehmen? Die Aufforderung «Leute, haltet endlich die Schnauze, es ist alles gesagt!» wäre ja erstens chancenlos, zweitens zu grob und drittens gegenüber einer Minderheit von Sprachprodukten noch immer ungerecht.

Eine Lösung des Problems ist nicht in Sicht. Doch eine Linderung liesse sich erzwingen, die zugleich ein Akt der Rache wäre. Sie bestünde darin, dass wir das amerikanische *zap* endlich übersetzen, statt es uns als «Zappen» anzueignen, worunter wir das Hin- und Herzappeln zwischen den Programmen verstehen. Amerikaner hören das Wort ganz anders; es entstammt dem Slang, ist der Gaunersprache nahe und heisst: abknallen, wegpusten, durch die Gegend ballern.

Und schon benennt das Wort nicht mehr Wankelmut und Unersättlichkeit, wie wir Zapper uns das von neunmalklugen Kulturkritikern vorhalten lassen müssen, sondern einen legitimen Akt der Gegenwehr. Sie ballern uns die Stuben voll, die Marktschreier, die Salbaderer, die Keucher aus Werbung, Unterhaltung, Politik und Sport – und wir haben die Macht, sie wegzupusten! Stummfilme können wir aus ihnen machen, sie zu schweigender Gestikulation verdammen oder sie unwiderruflich aus dem Bildschirm knallen. «Aktives Fernsehen» also sollte man das nennen – ein Beitrag dazu, dass die Sprache uns nicht «zerschabt und zerschunden aus hundert Mäulern hängt», wie Nietzsche es einst prophezeite.

Die Super-Mega-Katastrophe

Wie verhält sich ein Jahrhundertsturm zu einem Weltklassesturm oder zur Mutter aller Stürme? Russell Baker, der Satiriker der «New York Times», grübelte dieser Frage nach, als ein Blizzard an der amerikanischen Ostküste in allen Nachrichten das Prädikat «Jahrhundertsturm» verliehen bekommen hatte. Wer die Arbeitsgewohnheiten von Journalisten kennt, kann sich leicht ausmalen, wie der Superlativ zustande kam.

«Ist dies der schwerste Sturm, den Sie je registriert haben?» fragt der Reporter den Meteorologen. Nein, sagt der. «Aber vielleicht der schlimmste Schneesturm?» Wie wollen Sie das messen – an der Schneemenge oder an der Windgeschwindigkeit? Der Reporter bohrt weiter, für seine Schlagzeile braucht er die griffige Formel. «Könnte man von einem Jahrhundertsturm sprechen?» Ich weiss nicht, was das ist, sagt der Meteorologe. «Sie würden es also nicht dementieren?» Da lässt sich nichts dementieren, weil es sich nicht definieren lässt, sagt der Meteorologe. Der Reporter ist zufrieden und schreit es hinaus: «Wetteramt spricht von Jahrhundertsturm!»

So pusten die Journalisten, Arm in Arm mit den Werbetextern, noch mehr Übertreibungen in die

Umgangssprache, als darin ohnehin herumgeistern: Denn wir lieben das sprachliche Maximum – sei es in der grammatischen Form des Superlativs oder mit Hilfe extremer, massloser Wörter; ja in den Wortvorrat, den wir geerbt haben, ist das Übermass schon eingebaut.

Als unsere Ahnen die Sprache erfanden, muss es für sie immer nahegelegen haben, nicht die Regel zu benennen, sondern die Ausnahme, nicht die Mittellage, sondern das Extrem: den Riesen und den Zwerg, die Kälte und die Hitze, das Lachen und das Weinen. Für kalt und heiss haben wir auch schwächere Formen zur Verfügung, nämlich kühl, lau, warm, und das Lachen können wir zum Lächeln mildern; aber wer nicht weint, nicht lacht und von normaler Grösse ist, für dessen Miene und Statur fehlt uns der Begriff.

Auch gehen wir arglos mit Worten um, in deren schlichte Silben eine unsinnig übertriebene Behauptung eingeschlossen ist: «vorurteilslos» – obwohl mehr als eine gewisse Armut an Vorurteilen sich nicht erreichen lässt; «selbstlos» – als ob es erstrebenswert und möglich wäre, ohne Selbst zu sein! Schon bei vierzig Beinen beginnt für uns der Tausendfüssler, und leicht gehen uns Gelöbnisse von den Lippen wie «ewige Liebe» oder «unsere Anstrengungen verzehnfachen».

Mythen, Märchen und Romane haben unsere Lust an der Übersteigerung zum äussersten getrieben: Odysseus, Herkules, Münchhausen. Thor, der gewaltige germanische Donnergott, nächtigt in einer Kammer, von der er erst am Morgen merkt, dass sie der Daumen des Handschuhs des Riesen Skrymir ist. Rabelais lässt im Harnstrahl des Gargantua 260 418 Pariser «eines bitteren und feuchten Todes sterben, Weiber und Kinder gar nicht eingerechnet».

Heute ist es vor allem die Presse, die unseren Bedarf an Superlativen deckt. Sie hütet sich vor der durchschaubar lügnerischen Übertreibung und spezialisiert sich daher auf folgende fünf Methoden: Erstens, dreimal wöchentlich sind die meisten Zeitungen mit Kollaps, Skandal und Katastrophe zur Stelle, wählen also überall dort, wo sich nichts definieren und folglich nichts widerlegen lässt, die äusserste Steigerung. (Nein, die äusserste nicht – «Katastrophe» ist manchen Zeitgenossen viel zuwenig: «Echte Mega-Katastrophe» hört man Studenten sagen.) Zum zweiten: Wo die meisten den schon eingebauten Superlativ nicht mehr heraushören wie beim «grössten anzunehmenden Unfall», dem GAU, ist, wenn er denn eintritt, in den Schlagzeilen vom Super-GAU die Rede; einen GAU hat es für sie noch nie gegeben.

Zum dritten lieben die Nachrichtenjournalisten jenen Superlativ, der so korrekt ist, dass er irreführt. «Der kälteste 5. Februar seit fünfzig Jahren» kann bedeuten: Am 4. Februar war es schon im Vorjahr viel kälter. Viertens schrecken sie nicht vor dem ebenso korrekten wie lächerlichen Superlativ zurück: «Das schwerste Unglück in der Geschichte der peruanischen Kriegsmarine» (drei Schiffe, zwei Unglücke). Und schliesslich geben sie kritiklos die albernen Superlative Dritter weiter; so jenen der durch niemanden und nichts legitimierten Jury, die frech behauptet, sie habe «die schönste Frau der Welt» gekürt – in Wahrheit nur unter denen, die sich gemeldet haben, nach Massstäben, die keiner kennt und die keiner haben kann.

Dass es Wörter gibt, die sich einfach nicht steigern lassen wie eindeutig, dreiseitig, schulfrei oder tot: das passt vielen Leuten nicht. «Der einzigste» sagen sie und «in keinster Weise» – als wollten sie Christian Morgensterns Karikatur auf ein Liebesgedicht nacheifern: «Ich bin deinst – sei du meinst! Ich sehne dich sprachlosestest.» Wenn ein Glas voll ist – kann es noch voller sein? Das Glas nicht, entschied 1993 das oberste deutsche Arbeitsgericht in Kassel, wohl aber die Zufriedenheit: Es gab einem Kläger recht, der sich in seinem Zeugnis die «vollste Zufriedenheit» des Arbeitgebers ertrotzen wollte. Wenn der Verfasser dies als *dreist* bezeichnet, muss er unter solchen Umständen wohl betonen, dass er damit keinen Superlativ zu *drei* gebildet haben möchte.

Die Teufelskralle der Abstraktion

Dass auf einer Bergwiese Blumen blühen, ist eine überaus abstrakte Ausdrucksweise: Blumen – was für ein kühner Oberbegriff für so verschiedene Pflanzen wie Enzian, Nelkenwurz und Feuerlilie! Die Fülle der Erscheinungen in Oberbegriffe zu bündeln, war und ist eine der grossen Leistungen des menschlichen Verstandes, ein zwingender Lernstoff für Kinder, ein Lebenselixier der Wissenschaft.

Doch auf eben diese Leistung sollte jeder ausdrücklich verzichten, der anschaulich und lebendig schreiben will, ob Romane, Reportagen oder Briefe; von der Bergwiese sollte er sagen, dass auf ihr Akelei und Berghähnlein blühten, Knabenkraut, Teufelskralle und Vergissmeinnicht. Eine Minderheit aller Leser wird einen fröhlichen Strauss von Vorstellungen damit verbinden, die Mehrheit sich immer noch an den prallen, putzigen Namen freuen und eine buntere Wiese vor sich sehen, als wäre da nur von «Bergblumen» die Rede gewesen.

Leser freuen sich über alles, was auf ihre Sinne wirkt; Schreiber haben da oft eine von drei Hemmungen. Viele Schreiber *verlangen* den abstrakten Oberbegriff, weil sie Verwaltungsbeamte oder Wissenschaftler sind («Grossvieheinheit» für Rinder und Pferde, «Niederschläge» für Regen und Schnee). Andere *trösten* sich mit dem Oberbegriff und mogeln mit ihm, weil sie für das Vielerlei der Bergblumen keinen Namen kennen, vielleicht sogar die Teufelskralle eher in der Hölle als auf einer Wiese vermuten.

Wieder andere *flüchten* sich in den Oberbegriff, weil die konkrete Einzelheit ihnen peinlich wäre. Manfred Stolpe, Ministerpräsident von Brandenburg und wegen seiner früheren Kontakte zum Staatssicherheitsdienst umstritten, sagte, dem Protokoll des Untersuchungsausschusses gemäss, am 12. Mai 1992, er habe «Aufgaben übertragen bekommen», sei «zu bestimmten Aufgaben eingewiesen worden» und habe «eine administrative Letztverantwortung» wahrgenommen, «verbunden mit einem umfassenden Verhandlungsauftrag zur Lösung von Problemen». Ganz klar: Die abstrakten Oberbegriffe waren Stolpes Mittel, mit Wörtern nichts zu sagen. Von einem Eiertanz zu sprechen, verbietet sich nur deshalb, weil Eier derart konkret sind, dass man die erhabene Begrifflichkeit der Stolpeschen Diktion damit gänzlich verfehlen würde.

Alle Leser dieser Welt aber lesen ungleich lieber *Ei* als «befruchtete oder nichtbefruchtete weibliche Keimzelle bei Tier und Mensch». Sie wollen sehen, hören, riechen, schmecken, spüren – nur dann springt ihnen das Leben aus dem Wort entgegen. Schreiber, die gelesen werden wollen, sollten also erstens den Wunsch haben, sich mitzuteilen, anders als Manfred Stolpe, zweitens möglichst viele Einzelheiten beim Namen nennen können und sich drittens, falls sie nicht bürokratisch erfassen oder akademisch publizieren, die Oberbegriffe ausdrücklich verbieten.

Leider haben viele, gerade gebildete Menschen das Gespür verloren, bis zu welchem Grad unsere Sprache von Abstraktionen durchsetzt ist. «Meyer war ein fröhlicher Mensch» beschreibt nichts, was der Schreiber beeiden könnte, sondern seine Folgerung aus Mimik, Laune und Redeweise. «In der Baracke gab es nicht einmal eine richtige Heizung», las man in einer Reportage aus einem Flüchtlingslager, und wieder erfahren wir nur, was der Schreiber aus dem, was er sah, geschlossen hat; wie schade, dass er nicht schreibt, was er gesehen hat – folgern könnten wir allein. Hat er vielleicht Lachen von rostfarbenem Wasser unter kalten Heizkörpern gesehen? Oder einen Heizlüfter von jämmerlicher Kleinheit? Oder einen Ofen mit geborstenem Rohr? Oh, hätte er eines davon genannt – die Verstandesleistung, dies als unzulängliche Heizung einzustufen, hätte jeder Leser leicht und gern aus eigener Kraft erbracht.

Anschauung! Das ist das Zauberwort. Wie begann Eichendorff seine Autobiographie – dass der Winter 1787/88 der kälteste seit Menschengedenken gewesen sei? Nein: So streng war er, «dass die Schindelnägel auf den Dächern krachten, die armen Vögel im Schlaf von den Bäumen fielen und Rehe, Hasen und Wölfe ganz verwirrt bis in die Dörfer flüchteten». Wie veranschaulichte eine Kulturgeschichte des Geldes den Weg von der Münze zum Papier? «Die römischen Legionäre trugen ihr ganzes Vermögen aus Silbermünzen am Leib; sie spürten bei jedem Schritt, wieviel sie besassen – auch wenn sie manchmal so schwer daran trugen, dass sie nicht mehr plündern konnten, sondern selbst geplündert wurden. Wenn heute jemand um sein Geld erleichtert wird, wiegt er meist genauso viel wie vorher.»

Nur Sinneseindrücke und Tatsachen zu schildern, die Folgerungen daraus aber dem Leser zu überlassen, hat noch einen weiteren Vorzug: den, dass der Leser sich nicht durch das Urteil des Schreibers bevormundet fühlt. Eine Gondel auf einem etwas übelriechenden Kanal, Marmorfassaden und Mauerschwamm, ein Gondoliere, der sich redlich müht, die «Capri-Fischer» ins Italienische zu transponieren – ist das nun romantisch, traurig, kitschig oder widerlich? Urteile selber, lieber Zeitungsleser oder Briefempfänger; *ich* sage dir nur, was ich hörte, sah und roch – und etwas anderes, lehrt alle Erfahrung, willst du auch gar nicht wissen.

Bürgermeister mit Jeans-Komponente

Als Luther dem Volk aufs Maul schaute, sprach das Volk anders als heute. Ein Schreiber, der jetzt noch auf Mäuler schauen wollte, müsste eine sehr kritische Auswahl unter ihnen treffen; und dass man dem Volk nach dem Maul *schreiben* sollte, hat auch Luther nie behauptet.

Wie reden sie heute, die Leute? Gesprächsfetzen aus einer grossstädtischen Grünanlage: «Das gilt natürlich vor allem für den irrationalen und emotiven Bereich.» Ein dreizehnjähriger Schüler ins Mikrofon: «Wir haben uns mit den Problematiken der Luftverschmutzung befasst.» Ein Fussballtorwart im Fernsehinterview: «Darüber wird zu gegebener Zeit im Kreis der Mannschaft noch zu sprechen sein.» Der Berliner Bürgermeister Diepgen im Gespräch: «Natürlich gehört zum Erscheinungsbild eines Mannes wie ich auch die Jeans-Komponente.»

So reden sie, immer mehr Leute, wenn sie nicht gerade fäkalisch reden. Sie haben zu viele schlechte Bücher gelesen, zu viele behördliche Rundschreiben empfangen, zu vielen Wahlreden gelauscht, zu viel Soziologie studiert und zu viel mit Computern gespielt – und so ist es schlechtes Schriftdeutsch, das ihnen aus dem Munde schwappt. Wie aber sollten Redensarten, die ihr bisschen Leben aus raschelndem Papier beziehen, zum Vorbild dafür taugen, wie man schreiben sollte? Was Lessing und Goethe fast gleichlautend ihren Schwestern rieten – «Schreibe, wie du redest, so schreibst du schön!» – ist heute falsch.

Doch ganz richtig war es nie. Neben den Nachteilen hatte die geschriebene Sprache schon immer ihre Vorzüge. Der Schreiber bringt seine Sätze richtig zu Ende – welcher Sprecher tut das schon! Der Schreiber hat Zeit, um Klarheit zu ringen, nur das Endprodukt seiner Mühen bekommen wir zu lesen – und das ist fast immer besser als das Gestammel, zu dem die meisten in spontaner Rede neigen, jedenfalls wenn es sich um einen komplizierten Vorgang handelt; man höre sich nur einmal den Zeugen an, der vor Gericht den Hergang eines Verkehrsunfalls schildern soll.

Gute Schreiber nehmen sich überdies die Zeit, treffende Wörter und Bilder zu suchen. Hätte irgend jemand aus dem Stegreif formulieren können, was Paulus, der noch dazu ein schwacher Redner war, an die Korinther *schrieb*? «Wenn ich mit Menschen- und mit Engelszungen redete und hätte der Liebe nicht, so wäre ich ein tönend Erz oder eine klingende Schelle.» So viel Saft, Kraft und Kürze sind erst mit der Schrift in die Welt gekommen: Wir besässen weder Schlagworte noch die Lyrik, hätte nicht einst der Zwang, Wörter in Holz zu schnitzen oder in Stein zu meisseln, dem Geschnatter und Geschwätz der schriftlosen Horde dramatisch entgegengearbeitet – mit der Bibel als einem der grossartigsten Endprodukte.

Und natürlich sah Luther nicht nur dem Volk aufs Maul, sondern auch dem Apostel auf die Schrift; Übersetzungen in andere Sprachen zeigen ja, wie die Kraft des Paulus überall durchschlägt: «Si je n'ai pas la charité, je suis un airain qui résonne, ou une cymbale qui retentit.» Als Luther dann noch die verfeinerte Kultur der sächsischen Hof- und Kanzleisprache dem Volk entgegentrug – da konnte er so schreiben, dass das Volk *ihm* aufs Maul schaute.

Nicht zuletzt deshalb freilich, weil er verstanden werden, weil er wirken *wollte*, weil er das Ohr des Volkes suchte. Und das ist das Problem, das die meisten Schreiber nicht erkennen oder nicht zu lösen vermögen: einen guten Text so zu schreiben, dass er wie gesprochen ins Ohr geht – dahin also, wo wir auch beim stummen Lesen die optischen Symbole der Schrift in die Laute der Sprache zurückübersetzen. Von der Alltagsrede abgehoben darf, ja soll der geschriebene Text durchaus sein – nicht so geschrieben, wie die Leute sprechen, sondern so, wie sie gern sprechen würden; sie lieben ja auch Reime, die sie selbst nie produzieren könnten.

Nur rascheln dürfen die Worte nicht. Das Geräusch von Papier, der Geruch von schlechtgelüfteten Behörden beraubt die Sprache aller Kraft – und noch mehr die Positur, in die sich so viele setzen, sobald sie zu schreiben beginnen: erhabene Sätze für den Lateinlehrer oder für die Ewigkeit.

Es gibt zwei schlichte Methoden, dieser Versuchung entgegenzuwirken. Die eine: Man stelle sich beim Schreiben vor, dies alles *erzähle* man seiner Grossmutter oder einer anderen Person, die nicht Soziologie studiert hat; und den fertigen Text prüfe man noch einmal darauf und tilge alle Witterungsbedingungen, wenn man doch Wetter sagen würde; alle Problemlösungsaktivitäten, wenn es mündlich hiesse, dass ein Problem zu lösen, eine Aufgabe anzupacken ist.

Die zweite, die ergänzende Methode: Man lese *laut*, was man geschrieben hat (wie hier in anderem Zusammenhang schon einmal angeraten). Dann entfalten sich die Kompetenzdefizite in ihrer ganzen Scheusslichkeit und erweisen sich als Wissenslükken, und schmerzlich krümmt sich das Trommelfell, wenn es eine Passage hören muss wie diese aus der «Zeit»: «Ist dieser Streit entscheidbar? Er ist es! Dass er es erst jetzt, erst so spät – Wittgenstein ist fast vierzig Jahre tot – ist, gehört zu den ärgerlichsten Kapiteln.» Ändern, was nach Reibeisen klingt oder nach Styropor! Wer maulfaul ist, findet keine Ohren, und es geschieht ihm recht.

Stress im Chaos der Begriffe

Dass unser Wortvorrat grösstenteils aus der Steinzeit stammt, merkt man ihm schmerzlich an; um so schlimmer, wenn wir auch mit jungen oder frisch in Mode gekommenen Begriffen die Logik oder die Treffsicherheit verfehlen – wie beim Stress und bei der Chaosforschung.

Urzeitliches Erbe ist beispielsweise ein Wort wie *erst.* Es bezeichnet erstens den, der früher dran kommt («Erst ich!») – zweitens den, der *später* an der Reihe ist («Dann erst sind Sie dran!»); drittens heisst es *noch mehr* («Fritz ist schon gross – aber erst sein Bruder!»), viertens *ziemlich wenig* («Wir haben erst die Hälfte geschafft»). Zum Verzweifeln – für Ausländer und für jeden, der Eindeutigkeit und Logik liebt und die Sprache gern als Vehikel klarer Verständigung verwendet sähe.

Und wir legen nach. 1960 führte der Titel eines Buches von Hans Selye, dem österreichisch-kanadischen Arzt, das Wort *Stress* in die deutsche Sprache ein – und 1993 behaupteten 57 Prozent der Deutschen, «Stress» werde in Zukunft die häufigste Krankheitsursache sein. Was hätten diese armen Menschen nur ohne Hans Selye auf die Frage des Meinungsforschers geantwortet?

«Stress» heisst im Englischen Anstrengung, Beanspruchung, Druck – es handelt sich also um ein neues Wort für die nicht ganz neue Einsicht, «dass jeder Tag seine eigene Plage hat» (Matthäus 6,34). Die Mühsal ist, wer hätte das gedacht, am grössten bei den mittleren und unteren Beamten und Angestellten, jedenfalls ihrem eigenen Urteil zufolge: Die äussern zu 61 Prozent Angst vor Stress, mehr als Manager und Selbständige. Hätten die Meinungsforscher nun zusätzlich gefragt: «Was heisst eigentlich Stress, und was soll daran so schlimm sein?» – man darf wetten, dass die Antworten eine perfekte Cabaret-Nummer ergeben hätten.

Wie konnte nur ein Wort so beliebt werden, das auf etwas nebulöse Weise etwas Uraltes benennt? Es ist englisch, also für viele Deutschsprachige ein bisschen unklar und folglich jeder individuellen Deutung zugänglich. Auch ist es chic, weil es englisch ist und modern dazu, das schützt den Benutzer vor heiklen Fragen. Es ist kurz, viel kürzer als Strapaze oder Anstrengung, zum Schlagwort geeignet wie *Frust*. Und es bündelt alles, was einer Freizeitgesellschaft auf die Nerven geht: Zwar plagen wir uns nicht halb so viel wie unsere Väter, doch wir nehmen uns die Freiheit, über die restliche Mühsal doppelt so laut zu maulen.

Vernunft ist in dem Modewort am ehesten zu finden, wenn man es, wie manche Psychologen, nicht als Strapaze deutet, sondern als Anstrengung ohne Erfolg. Unter Stress stünde danach nicht der, der sich plagt, um den Gipfel des Matterhorns zu erreichen – sondern der andere, der trotz heftigen Begehrens unter dem Gipfel aufgeben muss. Misserfolg. Demütigung, Angst blieben dann als die eigentlichen Stressfaktoren übrig. Da wir aber all diese Wörter *haben* und da auch die grösste Plage völlig stressfrei erlebt werden kann, wenn sie zum Erfolg führt – wie wäre es, wenn wir den «Stress» begrüben?

Dieselbe Empfehlung gilt der modischen *Chaostheorie*. Aus den wissenschaftlichen Publikationen springt sie seit ein, zwei Jahren auch einem breiteren Publikum entgegen, zumal mit dem Standardbeispiel vom Schmetterling: Eine Ursache so winzig wie sein Flügelschlag kann in letzter Konsequenz darüber entscheiden, ob sich ein Orkantief gerade bildet oder gerade nicht und welche Richtung es einschlägt.

Nun bedeutet «Chaos» die Auflösung aller Ordnung, das totale Durcheinander. Von dem aber reden die «Chaosforscher» keineswegs. Sie sprechen *nicht* von Zufall, *nicht* davon, dass der Schmetterling den Zusammenhang von Ursache und Wirkung zerbrochen hätte – sondern von Ursachen, die so winzig sind, dass sie sich der Berechnung entziehen. Wir wüssten so gern, sagen zum Beispiel die Meteorologen, ob wir einen Wirbelsturm vorhersagen sollen oder nicht; aber alle Schmetterlinge dieser Welt haben sich gegen uns verschworen, zu gering ist die

Luftbewegung unter ihren Flügeln, als dass wir sie messen und in den Computer füttern könnten. Und wie *nennen* wir unseren Ärger über die Begrenztheit unserer Instrumente, über den leidigen Umstand, dass der Kosmos sich nicht lückenlos erfassen lässt? «Chaos» nennen wir ihn.

Ob dies eine gewollte Irreführung war oder die landesübliche Gleichgültigkeit gegen eine saubere Sprache – jedenfalls herrscht in ihr nun ein bisschen Chaos mehr. In Wahrheit geht es um das uralte *Problem des Minimums*. Manche Scholastiker bewegte die Frage, wie spitz eine Nadel sein dürfe, damit ein Engel noch auf ihr sitzen kann. In der Geometrie ist der *Punkt* das, was keine Ausdehnung hat; wo also finde ich die Stelle, an der die Tangente den Kreis berührt? André Gide grübelt in den «Falschmünzern»: Wenn ein Arbeiter von einem relativ schwachen Stromschlag getötet wurde, weil sein Körper in Schweiss gebadet war – wieviel Tropfen Schweiss muss man wegdenken, damit der Tod gerade nicht mehr eingetreten wäre?

Ein bisschen Grübeln vor dem Benennen kann niemals schaden; nach dem Motto: Erst denken, dann erst publizieren ist zwar *stressig*, aber es hilft Chaos vermeiden.

Wer erschafft ein neues Wort?

Kann man ein Wort *erfinden*? Die Chance ist wenig grösser als Null. Wir können Wörter importieren wie *Glasnost*, wir können Dialektausdrücke in die Gemeinsprache übernehmen wie das rheinische *pingelig*, das durch Adenauer populär geworden ist; abwandeln, abschleifen, abkürzen können wir, auch modisch besetzen und Bedeutungen verschieben – erfinden können wir nicht.

Die Einsicht in dieses Kuriosum wird erschwert durch Fachausdrücke wie «Neologismus» (Neuprägung) oder «sprachliche Innovation» – denn beide verwischen den Unterschied, auf den es ankommt: den zwischen der blossen *Wortbildung*, dem Spiel mit den vorhandenen Möglichkeiten, und der *Wortschöpfung*, dem Erfinden eines Wortklangs, der bisher nicht da war.

Von der Lautbildung her wäre das gar kein Problem: Da wir zum Beispiel die Wörter laben-leben-lieben-loben haben, aber nur gaben und geben, nicht gieben und goben, könnte man, völlig im Rahmen deutscher Gewohnheiten, beschliessen, das Verbum «ich gobe, du gobst» in die Welt zu setzen. Daran bestehe kein Bedarf? So rasch sollte man das nicht behaupten: Mit dem rapiden Fortschreiten der Technik tauchen immer neue Benennungsbedürfnisse auf, und manche *Wortlücken* schleppen wir seit Jahrtausenden mit; so haben wir das Wort «satt» für einen, der genug gegessen hat – aber nichts dergleichen für einen, der genug getrunken hat.

Die Gesellschaft für deutsche Sprache und der Wiener «Kurier» nahmen dies 1993 unabhängig voneinander zum Anlass, einen Preis für eine gelungene Schliessung dieser Lücke auszusetzen; verliehen wurde er nicht: nicht an *lösch* und *blubb*, nicht an *schwapp* und *schmoll*. Tausende von Tüftlern brachten nichts zustande, was der Sprachgemeinschaft hätte zugemutet werden können – und erst wenn sie eine *Lautverbindung* versteht und akzeptiert, ist ein «Wort» entstanden.

Daran scheitern auch die Neuprägungen, die zu Tausenden aus den Schlaf- und Kinderzimmern schallen; ausserhalb der Familie finden sie keinen Widerhall. Man hätte wohl ein Häuptling oder ein Medizinmann in der Steinzeit sein müssen, um zu erleben, dass der Einfall *gob* für «genug getrunken» von der ganzen Horde übernommen worden wäre – um dann in unserer Zeit in die ethymologischen Wörterbücher einzugehen.

Selbst wenn wir aber im Kinderzimmer Zeuge einer Wortschöpfung zu sein glauben, liegt meist nur eine *Verballhornung* vor (ein Wort, das wir unter Ausnutzung unserer grammatischen Möglichkeiten aus dem eigensinnigen Lübecker Drucker Johann Ballhorn abgeleitet haben): Das Kind spielt arglos oder mutwillig mit den Wortfetzen, die bis dahin an sein Ohr gedrungen sind; es *erfindet* also wieder nicht, streng genommen. Der Erwachsene, mit Zehntausenden von Lautbildern im Ohr, hat schon gar keine Chance, sich diesem Einfluss zu entziehen. Das amerikanische Nachrichtenmagazin «Time» rühmt sich der «Innovationen», um die es das Englische bereichert habe; doch überwiegend sind es abgewandelte Importe wie *tycoon* (nach dem japanischen taikun, mächtiger Herr) oder Verschleifungen des vorhandenen Wortschatzes wie *smog* aus smoke und fog.

Nicht einmal denen, die die Kraft und die Freiheit der Erfindung zu besitzen glauben, den Dichtern, will die wirklich freie Schöpfung gelingen. James Joyce zeugte Tausende von Wörtern, die in keinem Lexikon stehen, doch die Anlehnung an den vorhandenen Wortschatz ist zumeist offenkundig. Da prägte er ein Verbum *saale*, das in den drei vorliegenden deutschen Übersetzungen als besabben, beschludern, sulmen wiederkehrt – im Englischen aber durch saliva und salina abgestützt, den Speichel und das Brackwasser, im Deutschen durch sabbern, schludern, sudeln. Thomas Mann spricht im Zauberberg von der *grassen* Natur des Schmerzes bei der Rippenfellentzündung – eine Prägung zwischen *krass* und dem mittelhochdeutschen *graz*, was zornig oder wütend heisst.

Da das wirklich neue Wort seit Jahrtausenden kaum noch zu haben ist, sind Dichter wohl besser beraten, wenn sie spielerischen Umgang mit vertrauten Wörtern pflegen – eine Lieblingsbeschäftigung des Robert Walser. Er hat den *Zartian* und den *Empfindian* erschaffen, Frauen lässt er *schmöllelen* und *zürnelen*, ein *blutwürstiges* Sehnen hat er wachgerufen, und in der ersten Person berichtet er: «Ich *taugenichtse* gern in der Nähe von lockenden Esswaren umher» oder: Er sei «von eisernen Entschlüssen erfüllt und von Opernmelodien *durchfeuerteufelt*».

Wir aber, die wir keine Dichter sind, halten uns am besten an Schopenhauers goldene Regel: «Man brauche gewöhnliche Worte und sage ungewöhnliche Dinge.» Die volle Originalität lässt sich ohnehin nur bei totalem Verzicht auf Sinn erreichen – sinnfreie *Hässlichkeit* wie in der kalifornischen Mörderbande des Charles Manson, die 1969 einem Kind den Namen Zezozose Zadfrack Glutz überstülpte, offenbar um die verhasste Gesellschaft auch mit Hilfe ihrer Namenssitten zu zerstören; sinnfreie *Schönheit* wie in Stefan Georges Jugendgedicht in selbst erfundener Sprache:

Co besojo pasoje ptoros
Co es on hama pasoje boañ.

Allen aber, die weniger Phantasie besitzen, könnte es ergehen wie bei Christian Morgenstern dem Professor Ulich, der einen zusätzlichen Vokal erfunden hat und ihm, da ein neuer Lautwert leider nicht aufzutreiben war, den Namen «August-Ulich-Vokal» verleiht.

Lasst Verben platschern!

Da äussert also ein Politiker «grosse Zweifel an der Akzeptanz einer allfälligen NATO-Mitgliedschaft der Schweiz als Alternative zur Neutralität». Entweder dieser Politiker oder der Berichterstatter oder beide haben damit jene Todsünde gegen klares, flüssiges Deutsch begangen, die unsere Bürokraten für eine Tugend halten: Alle Verben haben sie unterdrückt und die Substantive zu Götzen erhoben. Umgekehrt wird Sprache draus: Der Politiker hat Zweifel, ob – und nun könnte es weitergehen in der Art: ... die Schweizer einen Beitritt zur NATO akzeptieren würden, wie er als Alternative zur Neutralität ins Gespräch gekommen sei.

Es ist das Tätigkeitswort, dem der Titel «Hauptwort» gebühren würde. Es drückt die Aktion aus, die Bewegung, das Leben: «Und es wallet und siedet und brauset und zischt, wie wenn Wasser mit Feuer sich menget.» Wo immer man an die Stelle eines Substantivs ein Verbum setzen kann, sollte man es tun.

Natürlich, es gibt da ein paar Probleme. Dieses *geben* in «es gibt» bezeichnet keine Tätigkeit, sondern ein blosses Vorhandensein, ähnlich wie aufweisen, sich belaufen auf und sich handeln um. Auch wo keiner handelt und sich nichts bewegt, ruft die Grammatik nach dem Wort der Tätigkeit: In Bergsteiger-Zeitschriften «recken sich» und «wuchten» die Gipfel, obwohl sie sich bekanntlich seit Jahrmillionen nicht rühren. Ein Problem mehr schaffen gespreizte Modewörter wie verbalisieren, thematisieren, operationalisieren. Vor Scheusslichkeit kann eben keine Wortgattung uns bewahren; nur sind beim Verb die Chancen grösser, dass es die Sprache traben, strömen oder fliegen lässt, statt sie in den Sümpfen der Akzeptanzen zu ersticken.

Selbst in der Häufung, die bei Substantiven wie bei Adjektiven meistens hässlich ist, können Verben Farbe und Fülle haben. Wie bei dem Nürnberger Barockdichter Georg Philipp Harsdörffer:

Höret, wie der Regen platschert
Und sich mit den Blättern schlägt,
Lispelt, wüspelt, rauschet, klatschert
Und den Ohren Lust erregt.

Ähnlich Goethe im «Hochzeitslied»:

Da pfeift es und geigt es und klinget und klirrt,
Da ringelt's und schleift es und rauschet
und wirrt . . .

Und Brentano im «Wiegenlied»:

Singt ein Lied so süss gelinde,
Wie die Quellen auf den Kieseln,
Wie die Bienen um die Linde
Summen, murmeln, flüstern, rieseln.

Nun, zum Rausch muss man den Umgang mit dem Tätigkeitswort nicht steigern. Was sich für den gehobenen Alltag anbietet, für Artikel oder Briefe, die nach Lesern, für Reden, die nach Hörern fahnden – das sind vor allem drei Arten, Verben zu verwenden: unvermutete Verben richtig zu plazieren, unscheinbare mit Kraft aufzuladen und das blosse Sein dem Tun anzunähern.

Goethe war ein Meister in der Kunst, noch im scheinbaren Stillstand die Bewegung zu entdecken – wie im November unterm Furka-Pass: «Die Wolken wechseln über die blasse Sonne, breitflockiger Schnee stiebt in der Tiefe und zieht über alles einen ewig beweglichen Flor.» Als 79jähriger in dem Gedicht «Früh, wenn Tal, Gebirg und Garten . . .»:

Wenn der Äther, Wolken tragend,
Mit dem klaren Tage streitet,
Und ein Ostwind, sie verjagend,
Blaue Sonnenbahn bereitet . . .

Hölderlin brachte Dynamik in das Gemäuer des Heidelberger Schlosses:

Aber schwer in das Tal hing die gigantische
Schicksalskundige Burg nieder bis auf den Grund,
Von den Wettern zerrissen.

Robert Walser fiel in einem Arbeiterviertel «eine gewisse kahle Verwahrlosung auf, die die Wände hinauflief, zu den kalten Fenstervierecken hinausschaute und auch auf den Dächern sass».

Manchmal findet sich ein Weg, unscheinbaren Verben Kraft zu geben. Selbst *haben* und *sein* können uns gefangennehmen – wie bei Lessing: «Auch *war* die Religion, ehe eine Bibel war.» Oder bei Schopenhauer die drei Kapitelüberschriften in seinen «Aphorismen zur Lebensweisheit»: Von dem, was einer ist – Von dem, was einer hat – Von dem, was einer vorstellt.

Schliesslich die Chance, ein Verbum so zu setzen, wie keiner es vermutet hätte; nichts schafft mehr Aufmerksamkeit und Wirkung. Schiller schrieb im «Abfall der Niederlande» über die Herzogin von Parma: «Sie verlor die Frucht ihrer Wohltaten, weil sie mit filziger Genauigkeit daran stümmelte.» Heinrich Böll schrieb über den Seufzer eines Zeugen, der ganze Gerichtssaal habe danach *gerochen*. Jacob Burckhardt verstand es, das beiläufige und abgebrauchte Verbum *behandeln* in einen Zusammenhang zu stellen, der einen frösteln macht: Er tadelt die Nachwelt, dass sie «äusserst kühl» mit dem entsetzlichen Jammer verfahre, den Männer wie Alexander der Grosse oder Cäsar über die Menschheit gebracht hätten; die Nachwelt unterstelle dabei wohl, «der Anblick des Genius habe verklärend und beglückend auf die von ihm behandelten Völker gewirkt».

Wahrscheinlich hatte Burckhardt sagen wollen, es habe ein Defizit an Akzeptanz bei den Unterjochten vorgelegen.

Register

Kursiv gesetzt sind Wörter der deutschen Sprache, die im Text analysiert, gelobt oder getadelt werden.

Unbekannte Welten

Georg Brunold hat ein hinreissend anschauliches und sinnliches Buch geschrieben, das nicht nur sachlich aufschlussreich ist, sondern ein besonderes literarisches Erlebnis vermittelt. Der Leser reist mit dem Autor durch etliche afrikanische Staaten, er nimmt an seinen Nachforschungen teil und erhält Einblick in die Schwierigkeiten des Vorbereitens von Reisen im unbekannten Land und in seinen Korrespondentenalltag.

Georg Brunold
Afrikanische Reporterspur
186 Seiten, broschiert

Fortschreitende Technisierung und globale Mobilität führen zu einem Verlust an menschlichen Lebensweisen. Oswald Iten besucht kulturelle Minoritäten und bedrohte Lebensräume in Afrika, Asien und im Pazifik. Das Leben dieser Völker am Rande der «Zivilisation» wird keineswegs romantisiert, sondern kritisch und differenziert beleuchtet. Die packenden Reportagen sind ein Plädoyer für die Erhaltung kultureller Vielfalt.

Oswald Iten
Zwischen allen Welten
240 Seiten, gebunden

VERLAG NEUE ZÜRCHER ZEITUNG